Eficiencia energética y fiscalidad

Estudio de los certificados de ahorro energético (CAE)[*]

[*] La presente monografía ha sido financiada por el proyecto «Eficiencia energética y fiscalidad. Estudio de los Certificados de Ahorro Energético (CAE) y otras medidas tributarias» (Expediente 20240127) financiado por el Instituto de Estudios Fiscales. (IEF). Ministerio de Hacienda.

Eficiencia energética y fiscalidad

Estudio de los certificados de ahorro energético (CAE)

María Bertrán Girón
Universidad Loyola Andalucía

María García Caracuel
Universidad de Granada

Atelier
LIBROS JURÍDICOS

Colección: Derecho fiscal

Director:
Miguel Ángel Collado Yurrita
(Catedrático de Derecho financiero y tributario de la UCLM)

© 2025 María Bertrán Girón y María García Caracuel

© 2025 Atelier
        Santa Dorotea 8, 08004 Barcelona
        e-mail: editorial@atelierlibros.es
        www.atelierlibrosjuridicos.com
        Tel. 93 295 45 60

I.S.B.N.: 979-13-88096-24-2
Depósito legal: B 24225-2025

Impresión: Podiprint

SUMARIO

PARTE I
LA EFICIENCIA ENERGÉTICA
EN EL ÁMBITO NACIONAL
(María Bertrán Girón)

PRÓLOGO

La protección de medioambiente se ha interiorizado como un deber individual y colectivo en nuestro entorno. Desde sus inicios, se determinó su íntima conexión con el mundo económico en cuanto que las mayores agresiones tenían su origen en la industria, por lo que se pensó que para su defensa bastaba establecer límites de contaminación, vertidos y emisiones y, en consecuencia, su transgresión se frenaría por la amenaza de una sanción o pena jurídica. No obstante, pronto estas medidas se manifestaron insuficientes, no sólo por la dificultad de perseguir las transgresiones, sino porque nuestra propia civilización está ligada a la generación de contaminación, desde la industria al consumidor final, de modo que, aun cuando se respeten los límites legalmente permitidos, se produce la degradación del medioambiente.

Así las cosas, hace ya más de treinta años se planteó una estrategia paralela a la prohibición sobre determinados niveles de agresión con la finalidad de intervenir con las mismas reglas que operan en el ámbito económico, de tal forma que se incorporaran las deseconomías externas que conlleva el daño ecológico en los costes de los generadores de las agresiones. En consecuencia, la cuantificación de la contaminación ambiental legal y su repercusión económica se convirtió en un objetivo dentro de la protección del medioambiente. En este ámbito es donde surgió la tributación como instrumento de protección medioambiental presidida por el principio "quien contamina, paga", es decir, la implantación de tributos que modularan las actuaciones sobre el medioambiente incidiendo en la voluntad de reducir la contaminación bajo los límites permitidos.

No obstante, y ante la necesidad de avanzar ante el imparable deterioro de nuestro ecosistema, se han establecido otras medidas que van a premiar actuaciones programadas para minorar la demanda de energía por el beneficio medioambiental que lleva aparejada la reducción de su producción. Este es el objetivo de la eficiencia energética, como pilar fundamental y estratégico de la política actual de sostenibilidad y transición ecológica de la UE, centrado en fomentar una economía baja en carbono, reducir la dependencia energética y controlar su demanda creciente.

En España, siguiendo la directriz europea, ha implantado un sistema Nacional de Obligaciones de Eficiencia Energética (SNOEE) con una doble vertiente. Por un lado, se ha creado un fondo nacional con la obligación de contribuir económicamente para determinados sectores y la finalidad de reinvertir dichos recursos en la mejora de la eficiencia energética de nuestro sistema. Además, recientemente, se ha completado con un sistema de Certificados de Ahorro Energético (CAE) que, entre otras características, está la de involucrar a todos los usuarios de la demanda energética, incluidos los consumidores finales, en la misión de conseguir la máxima eficiencia.

Comprender el funcionamiento, regulación y objetivos del SNOEE no es fácil, de ahí que una obra tan rigurosa como la que presentamos sea tan necesaria como novedosa. Su estudio requiere encuadrar su origen dentro de los objetivos e instrumentos implantados en la política europea sobre eficiencia energética, para después pasar a analizar la regulación en España. Precisamente por ello hemos de poner en valor la aportación que, sin duda, supone la monografía tengo el placer de presentar y que lleva por título "EFICIENCIA ENERGÉTICA Y FISCALIDAD. ESTUDIO DE LOS CERTIFICADOS DE AHORRO ENERGÉTICO (CAE)". El libro que ahora se publica se divide en dos partes. La primera, realizada por la Dra. Bertrán Girón, se ocupa de la eficiencia energética en el ámbito nacional, tema apenas transitado aún por la doctrina y la jurisprudencia. La segunda parte, los precedentes europeos de certificados de ahorro, son estudiados por la Dra. García Caracuel, para finalmente presentar la experiencia comparada y en la que el lector podrá encontrar sistematizadas las principales conclusiones alcanzadas.

No es nuestra intención penetrar en el desarrollo de toda la problemática, que dejamos meramente apuntada, puesto que solo queremos describir el conjunto de problemas que se abordan. La dualidad que presenta el sistema SNOEE español exige el estudio de las dos figuras, las aportaciones económicas obligatorias al Fondo y la función de los certificados de ahorro energético. Respecto de las primeras, la Dra. Bertrán Girón parte de la normativa europea que le da origen y, a continuación, plantea el problema de determinar la naturaleza de las aportaciones obligatorias al Fondo, analizando las distintas resoluciones judiciales y estudios doctrinales por lo que se determina, finalmente, el carácter de prestación patrimonial pública de carácter no tributario.

A continuación, la Dra. Bertrán Girón aborda el sistema de Certificados de Ahorro Energético (CAE), introducido en el Real Decreto 36/2023, como un sistema complementario y alternativo a las aportaciones dinerarias debidas al SNOEE. La novedad del CAE radica en que certifica y valida la obligación anual de ahorros energéticos establecida a los sujetos obligados, pero no realizadas exclusivamente por éstos, sino que establece un sistema de transacciones que permite participar a los consumidores finales en la consecución de los objetivos. Por supuesto en este estudio se define el papel de cada uno actores que participan en este entramado complejo, donde encontramos sujetos obligados, delegados, intermediarios, verificadores y propietarios de ahorro energético. Este complejo sistema en el que se combina la obligación de ahorro con su valoración financiera para cuantificar las aportaciones es explicado detalladamente, tanto ocupándose de la forma de cálculo de la equivalencia financiera por las compras de CAE, como la evolución en la forma de contribución al SNOEE, donde se muestra una clara tendencia de la adopción del ahorro a través de CAE como alternativa de cumplimiento de la aportación obligatoria.

Como se ha podido observar hasta ahora, no estamos ante un instrumento tributario de protección medioambiental, pero sí que produce efectos fiscales tanto para quienes se benefician económicamente por la generación del ahorro como para quienes comercializan con los CAE. Es aquí donde la Dra. Bertrán Girón realiza un necesario análisis de la tributación de estas rentas, abordando su estudio tanto para la imposición directa, en IRPF e Impuesto sobre Sociedades, incluyendo su tratamiento contable, como en la imposición indirecta, IVA e ITP y AJD. Estas páginas tienen especial interés en la obra prologada puesto que la ausencia de una regulación tributaria adaptada a la finalidad ecológica de estos instrumentos produce un freno para la utilización de los CAE.

Pese a la reciente introducción de los CAE en España, el presente sistema tuvo su origen en Francia e Italia, por lo que de una forma acertada se han analizado por la Dra. García Caracuel, con la solvencia de su conocimiento en derecho comparado europeo, los precedentes europeos de los certificados de ahorro en la segunda parte de la monografía.

En Francia se implantó este sistema en 2006, de modo que se presentan los resultados y cumplimiento de objetivos en los cuatro períodos transcurridos desde su inicio. Este enfoque analítico es fundamental para poder prever los efectos de su reciente implantación en España. Hay que destacar que, cuando se aborda el estudio de las consecuencias fiscales, Dra. García Caracuel abandona el mero análisis descriptivo, incidiendo en los aspectos críticos para el consumidor y la ausencia de coordinación con otras herramientas fiscales relacionadas con la energía y entrando, incluso, en la problemática del suministro de datos sobre las facturas de los particulares. Son relevantes en este estudio comparado las diferencias en la calificación tributaria de los ingresos, junto a las exenciones tanto en los impuestos directos sobre la renta como en el IVA, lo que da lugar a una menor tributación en Francia que en nuestro país. Al mismo tiempo, la antigüedad de su implantación ha puesto de manifiesto problemas que cuestionan su eficacia y muestran ciertos niveles de fraude que han llegado a plantear la supresión del sistema francés o su sustitución por otro mecanismo, principalmente por el de los Fondos, como el ya existente en España.

El estudio comparado presenta también el caso de Italia, con la reciente implantación de los certificados blancos como instrumentos negociables en el mercado de títulos de eficiencia energética. Como no puede ser de otra forma, se completa su análisis con las implicaciones tributarias que presenta, esenciales para determinar las ventajas económicas que conlleva.

El estudio de estos precedentes franceses e italianos son importantes y necesarios para la compresión de la proyección futura del sistema implantado en España. Como es frecuente, sorprende que países vecinos adopten medidas similares, pero con distinta interpretación jurídica y variadas consecuencias tributarias. Ante la dificultad que entraña la diversidad de calificaciones sobre figuras idénticas, hay que destacar cómo este estudio comparado se cierra con un análisis simultáneo de los tres sistemas vigentes en España, Francia e Italia, que permite visualizar las diferencias existentes para extraer propuestas que nos permitan la mejora de nuestro sistema interno.

Para finalizar, no puedo sino reiterar que la complejidad de un estudio sobre este tema sólo es posible realizarlo por dos investigadoras con la sólida trayectoria de la Dra. Bertrán Girón y la Dra. García Caracuel, de lo que resulta una obra que conjuga el rigor científico y la visión crítica en derecho comparado europeo sobre protección del medioambiente y eficiencia energética.

María Jesús García-Torres Fernández
Catedrática de Derecho Financiero y Tributario
Universidad de Granada

INTRODUCCIÓN

La eficiencia energética puede definirse como la optimización del consumo energético para alcanzar unos niveles determinados de confort y de servicio permitiendo unos ahorros energéticos en un mundo donde las fuentes no son inagotables. La energía más limpia es aquella que no se consume, y por ello la optimización de su uso constituye una prioridad en la planificación energética de nuestro entorno. La misma se ha convertido en un objetivo principal de la Unión Europea y, por ende, de los Estados miembros (Directiva 2012/27/UE relativa a la eficiencia energética y la nueva Directiva (UE) 2023/1791).

La actualidad del tema es innegable, las actuaciones de eficiencia energética son un objetivo prioritario del a Unión al que deben unirse los Estados Miembros. No en vano, la nueva Directiva de Eficiencia Energética, (DEE UE 2023/1791), multiplica el objetivo de ahorro acumulado de energía para 2030 en 3,4 veces el objetivo que estableció la anterior DEE (DEE 2012/27/UE). La eficiencia energética no implica consumir menos sino a hacerlo de forma más eficiente. En esa línea la nueva DEE nos obliga a ser mucho más eficientes, y para ello será necesario desarrollar nuevas tecnologías, innovar en los procesos de producción o en la prestación de servicios y, sin duda, invertir en aquellas medidas que reduzcan la intensidad energética.

Entre las numerosas propuestas que podría abordarse en esta temática, en nuestro trabajo hemos puesto el foco de atención, en los recientemente creados e implantados Certificados de Ahorro Energético (CAEs) como mecanismo incentivador de la eficiencia energética en España. Para ello, planteamos su estudio desde la perspectiva jurídica del derecho tributario y comparado con países que, con anterioridad a España, ya lo tienen establecido, como es el caso de Francia e Italia. El sistema CAE se plantea, en nuestra opinión, como un mecanismo fundamental en la consecución de los objetivos de ahorro comprometidos con Europa en la medida que permite reconocer y acreditar los ahorros de energía final obtenidos a través de actuaciones de eficiencia energética, facilitando su valorización económica y su uso como mecanismo alternativo de cumplimiento de las obligaciones de ahorro[1]. Creemos que su estudio deviene fundamental y que debe hacerse tanto desde nuestro ordenamiento jurídico como desde la experiencia comparada.

Es por ello que este trabajo de investigación plantea un análisis de los certificados de ahorro energético siguiendo la siguiente estructura. En primer lugar, la Dra. Bertrán Girón parte del marco de regulación europea para posteriormente adentrarse en el sistema de obligaciones establecido en España, así como su desarrollo normativo. Seguidamente analiza la figura de los recién creados Certificados de Ahorro Energético (CAE) centrándose en el estudio de su tratamiento fiscal del que poco se conoce dada su nueva creación a finales del año 2023. Pero este estudio no estaría completo sin atender a la experiencia comparada. Por ello la Dra. García Caracuel analiza los certificados de ahorro energético en el sistema francés, así como los conocidos como «certificados blancos» en el ordenamiento jurídico italiano, ambos, origen de los nuestros, y así

---

1. MINISTERIO PARA LA TRANSICIÓN ECOLOGICA/ANESE. *Transmisión y monetización del ahorro energético en el sector público. Guía sistema CAE.* 2025. Disponible en: chrome-extension://efaidnbmnnnibpcajpcglclefindmkaj/ https://www.miteco.gob.es/content/dam/miteco/es/energia/files-1/Eficiencia/ CAE/Documents/Gu%C3%ADa%20CAE%20Sector%20P%C3%BAblico%20v1.0.pdf

poder hacer una comparativa distinguiendo sus virtudes o problemáticas según su regulación.

PARTE I[2]

LA EFICIENCIA ENERGÉTICA EN EL ÁMBITO NACIONAL

(María Bertrán Girón)[3]

2. Parte de nuestra investigación se ha realizado en el marco de una estancia de investigación en Dublin European Law Institute (DELI) en Dublin City University (DCU) financiada por el proyecto «Eficiencia energética y fiscalidad. Estudio de los Certificados de Ahorro Energético (CAE) y otras medidas tributarias» (Expediente 20240127) financiado por el Instituto de Estudios Fiscales. (IEF). Ministerio de Hacienda.
AGRADECIMIENTOS. El presente trabajo ha contado con la colaboración de la Asociación de Empresas de Eficiencia Energética (A3e) que, sin duda, han aportado una visión práctica a la orientación de la investigación. Igualmente agradecemos los comentarios realizados a D. Fernando Cabeza, asesor fiscal, que han servido para completar nuestro estudio.
3. Núm ORCID: 0000-0002-8808-950X

I.

LA EFICIENCIA ENERGÉTICA EN EL MARCO NORMATIVO EUROPEO

La preocupación por la reducción de emisiones ha sido y es una constante en la política de la Unión Europea. No en vano en Comunicación de 17 de septiembre de 2020 titulada «Intensificar la ambición climática de Europa para 2030: Invertir en un futuro climáticamente neutro en beneficio de nuestros ciudadanos»[4], la Comisión propuso incrementar la ambición climática de la Unión para 2030 elevando el objetivo de reducción de las emisiones de gases de efecto invernadero (en lo sucesivo, «GEI») hasta, como mínimo, un 55 % por debajo de los niveles de 1990. Se trata de un aumento sustancial en comparación con el objetivo de reducción existente del 40 %. La propuesta materializaba el compromiso asumido en la Comunicación de la Comisión de 11 de diciembre de 2019 titulada El Pacto Verde Europeo de presentar un plan integral para elevar el objetivo de la Unión para 2030 al 55 % de manera responsable. También es conforme con los objetivos del Acuerdo de París aprobado el 12 de diciembre de 2015 en virtud de la Convención Marco de las Naciones Unidas sobre el Cambio Climático (en lo sucesivo, «Acuerdo de París») de mantener el aumento de la temperatura mundial muy por debajo de 2°C y proseguir los esfuerzos para limitarlo a 1,5°C.

---

4.   COM/2020/562 final

Este plan de actuación diseñado en la Unión Europea se pone de manifiesto en varias áreas determinadas a la búsqueda de este objetivo, entre las que destacamos principalmente las siguientes; En primer lugar, se plantea la regulación del mercado de emisiones GEI, conocido como el Sistema de Comercio de Emisiones (ETS), herramienta clave en la lucha contra el cambio climático. Para ello se establece un límite de emisiones para las empresas y se permite la compra y venta de permisos de emisión. Su objetivo es reducir gradualmente las emisiones de GEI al incentivar a estas a invertir en tecnologías más limpias. El ETS cubre sectores como la energía, la industria y la aviación. A medida que el tiempo avanza, el número de permisos se reduce, fomentando una disminución progresiva de las emisiones. Dicho mercado está regulado principalmente por la Directiva 2003/87/CE del Parlamento Europeo y del Consejo, que establece el Sistema de Comercio de Emisiones (ETS) de la UE. Esta directiva ha sido modificada en varias ocasiones para mejorar su efectividad, siendo una de las revisiones más importantes la Directiva 2018/410/UE, que forma parte del paquete de medidas del Pacto Verde Europeo y establece un marco más ambicioso para la reducción de emisiones en 2030.

En segundo lugar, la Directiva 2003/96/CE del Consejo de 27 de octubre de 2003 por la que se reestructura el régimen comunitario de imposición de los productos energéticos y de la electricidad establece un marco para la tributación de los productos energéticos en la Unión Europea, como los combustibles, el gas natural y la electricidad en esta búsqueda de fomentar la eficiencia energética, la reducción de emisiones de gases de efecto invernadero (GEI) y la transición hacia energías más limpias, junto con el establecimiento de un sistema fiscal común armonizado que evitara las distorsiones del mercado interno. Si bien la misma ha quedado obsoleta y necesitada de una revisión para realmente poder cumplir estos objetivos. Como manifestábamos en otro lugar, en relación con la regulación del impuesto sobre la electricidad, la misma «tiene poca o ninguna vinculación con una protección medioambiental, los tipos impositivos mínimos están desactualizados, y el catálogo de exenciones y reducciones produce muchas distorsiones[5]». Por ello, entre otros motivos, como parte del paquete *Fit for 55*, se presentó una propuesta de modificación de la Directiva sobre Productos Energéticos en 2021. La modificación busca adaptar la fiscalidad de los productos energéticos a los objetivos climáticos de la UE, en línea con el Pacto Verde Europeo y alcanzar la neutralidad climática para 2050. Sin embargo, en la actualidad, aún carece del acuerdo necesario para su aprobación. El Parlamento Europeo aprobó la propuesta de modificación, destacando la necesidad de que la fiscalidad de los productos energéticos se alinee con los objetivos climáticos de la UE en el año 2022 pero en el seno del Consejo, los Estados miembros discuten sus implicaciones fiscales y económicas, sin llegar a un acuerdo. Igualmente se plantea una coordinación con el Sistema ETS, y se continúa negociando en la búsqueda de un consenso que permita modificarla y ayudar a la UE a cumplir sus objetivos climáticos.

Por último, en tercer lugar, se presenta la eficiencia energética como un motor muy importante en la consecución de estos objetivos. Una apuesta por la misma nos puede llevar a una reducción de precios de la energía, derivada de la optimización de su uso, y a su vez a una reducción de GEI en la línea anteriormente señalada. Tal y como destaca la última Directiva, sobre la que nos referiremos más adelante, «la eficiencia energética es un ámbito de acción clave, sin el cual no puede lograrse la descarbonización total de la economía de la Unión. La eficiencia energética permite reducir la necesidad de crear nuevas capacidades de generación de electricidad, así como los costes relacionados con el almacenamiento, el transporte y la distribución. Una mayor eficiencia energética también resulta particularmente importante para la seguridad del suministro de ener-

---

5. Bertrán Girón, M. «Rediseñando el impuesto especial sobre la electricidad desde la economía circular» en García Caracuel, M *Retos de la empresa: digitalización y transición justa a la economía circular*. Aterlier. 2024. (https://atelieropenaccess.com/products/retos-de-la-empresa-digitalizacion-y-transicion-justa-a-la-economia-circular) Pág. 345.

gía de la Unión, al reducir su dependencia de la importación de combustibles procedentes de terceros países. La eficiencia energética es una de las medidas más limpias y rentables con que abordar esta dependencia»[6]. Específicamente se señalan varios sectores donde la misma puede significar un importante ahorro de energía, como son el sector transportes, la edificación y las nuevas tecnologías. La primera directiva que reguló este tema a nivel de la Unión Europea fue la Directiva 2002/91/CE, conocida como la de la eficiencia energética de los edificios[7]. Esta directiva fue adoptada en 2002 y estableció un marco para mejorar la misma en los edificios en la UE, incluyendo requisitos sobre la certificación energética y la inspección de sistemas de calefacción y aire acondicionado. Fue una de las primeras iniciativas importantes en la UE para abordar la eficiencia energética de manera integral. Posteriormente, se aprobaron otras Directiva 2006/32/CE sobre eficiencia en el uso final de la energía y los servicios energéticos o la Directiva 2012/27/UE sobre eficiencia energética (DEE). Esta última fue un paso importante, ya que estableció un marco legal más amplio para la eficiencia energética en toda la economía, no solo en los edificios; Introdujo objetivos vinculantes para la reducción del consumo de energía, medidas de eficiencia energética en todos los sectores (incluido el transporte, la industria, edificios y el sector público), y promovió la creación de planes nacionales de acción para la eficiencia energética (PNAEE). Esta Directiva estableció los Sistemas de obligaciones de eficiencia energética(art. 7), contemplado la posibilidad de la creación de Fondos nacionales de eficiencia energética, financiación y apoyo técnico (art. 20) «como medio para respaldar las iniciativas nacionales de eficiencia energética», de tal forma que « las partes obligadas en el marco de sistemas nacionales de obligacio-

---

6.   Considerando 9 de la Directiva 2023/1791, de 13 de septiembre

7.   En la actualidad la Directiva (UE) 2024/1275 refunde principalmente la Directiva 2010/31/UE, relativa a la eficiencia energética de los edificios, y la Directiva 2018/844/UE, que la modificó y que englobaba, en cierto sentido, ests Directiva 2002/91/CE

nes de eficiencia energética podrían cumplir con sus obligaciones contribuyendo anualmente a un Fondo Nacional de Eficiencia Energética en una cuantía igual a las inversiones que exija el sistema[8]». Posteriormente la Directiva 2018/2002/UE sobre eficiencia energética modificó a la anterior estableciendo como objetivo avanzar hacia los compromisos climáticos de la UE de cara a 2030 a través de una nueva meta de reducción del consumo de energía primaria del 32,5% para 2030 en comparación con las proyecciones de referencia e incluyendo nuevas medidas para mejorar la eficiencia energética en los sectores de transporte, edificación e industria. Por último, recientemente se aprueba la Directiva 2023/1791, de 13 de septiembre de 2023, relativa a la eficiencia energética y por la que se modifica el Reglamento (UE) 2023/95 y se derogan las anteriores[9]. En ella se consagra el principio, ya regulado con anterioridad, de «Primero, la Eficiencia Energética»(art 3) por el que se entiende que las soluciones de eficiencia energética deben ser priorizadas en decisiones de planificación y políticas, se busca integrar la misma en proyectos de gran envergadura y se requiere un seguimiento de la aplicación del principio y sus repercusiones en el consumo de energía. Este principio se fundamenta en la idea de que la eficiencia energética es una fuente de energía por derecho propio y debe ser priorizada en la toma de decisiones para alcanzar los objetivos climáticos y energéticos de la UE. Podemos decir que la eficiencia energética basada en la idea de utilizar la menor cantidad de energía posible para realizar una tarea o proceso determinado, maximizando así el rendimiento y reduciendo las pérdidas energéticas, es fundamental en la transición hacia un sistema energético más sostenible, ya que permite optimizar el consumo de recursos, disminuir los impactos ambientales y reducir los costes energéticos.

---

8.   Considerando 20 de la Directiva 2012/27/UE.

9.   Esta directiva entró en vigor el 10 de octubre de 2023, sin embargo, los artículos 13, 14, 15, 16, 17, 18, 19 y 20 y los anexos II, VIII, IX, XII, XIII y XIV lo hicieron el 12 de octubre de 2025 y el artículo 37, a partir del 30 de junio de 2024.

La Directiva (UE) 2023/1791 tiene como objetivo principal contribuir a la transición hacia una economía climáticamente neutra para 2050, mediante el impulso de la eficiencia energética en todos los sectores. Específicamente, establece que la Unión Europea debe consumir al menos un 11,7 % menos de energía para 2030 en comparación con el consumo proyectado según la hipótesis de referencia de 2020. Este objetivo se traduce en un consumo de energía final de 763 millones de toneladas equivalentes de petróleo (Mtep) para 2030, frente a los 864 Mtep previstos sin medidas adicionales.

La Directiva aborda diversos aspectos clave para mejorar la eficiencia energética:

1. Objetivos Nacionales de Consumo de Energía Final: Cada Estado miembro debe establecer un objetivo orientativo nacional para el consumo de energía final en 2030, junto con una trayectoria indicativa para alcanzarlo, a partir de la obligación actual, que fija un ahorro mínimo del consumo final de la energía en un 0,8%, el ahorro energético se fija en el 1,3% para 2024-25, el 1,5% para 2026-27 y el 1,9% para 2028-30. Para ello se mantiene el sistema de obligaciones de eficiencia energética existente desde 2012, y se permite medidas de actuación alternativas.

2. Contribuciones Nacionales: La Directiva introduce una fórmula en su Anexo I para calcular de manera justa y transparente las contribuciones nacionales, teniendo en cuenta factores como los esfuerzos previos, la riqueza, la intensidad energética y el potencial de ahorro de cada Estado miembro.

3. Mecanismos de Gobernanza: Se refuerzan los mecanismos de gobernanza establecidos por el Reglamento (UE) 2018/1999, incluyendo la activación de mecanismos de subsanación en caso de desfases con respecto al nivel de ambición del objetivo de consumo de energía final.

4. Medidas de Eficiencia Energética: Se establece la obligación de implementar medidas de eficiencia energética

en diversos sectores, con especial énfasis en la rehabilitación energética de edificios, la mejora de la eficiencia en la industria y el transporte, y la promoción de tecnologías energéticas innovadoras.

5. Protección de Consumidores Vulnerables: La Directiva incluye disposiciones para proteger a los consumidores vulnerables, garantizando su acceso a servicios energéticos esenciales y promoviendo su participación en programas de eficiencia energética.

6. Financiación y Apoyo: Se fomenta el uso de fondos europeos y nacionales para financiar proyectos de eficiencia energética, incluyendo el Fondo Social para el Clima establecido por el Reglamento (UE) 2023/955.

Los Estados miembros deben poner en vigor las disposiciones legales, reglamentarias y administrativas necesarias para transponer la Directiva a su legislación nacional a más tardar el 11 de octubre de 2025. Por su parte España aún no ha transpuesto completamente la Directiva 2023/1791, se están tomando medidas preparatorias para su implementación. No obstante, el Ministerio para la Transición Ecológica y el Reto Demográfico (MITECO) ha iniciado el proceso de transposición mediante una consulta pública previa relacionada con el artículo 12 de la Directiva, que establece obligaciones de publicación de datos para centros de datos con una potencia eléctrica demandada por los sistemas de tecnologías de la información (TI) de 500 kWh o más. Además, el MITECO ha publicado una guía de mejores prácticas para la eficiencia energética en centros de datos, en línea con las disposiciones de la Directiva. Sin embargo, hemos incumplido con el plazo de transposición previsto.

Como se ha mencionado anteriormente, para la consecución de los objetivos mencionados una de las novedades importantes que ya se recogió en el año 2012 fue el establecimiento de unas obligaciones de ahorro de energía a través de la creación de sistemas nacionales de obligaciones de eficiencia energética o bien sistemas alternativos. Tal y como regula la actual DEE entendemos por «ahorro de energía» la cantidad de energía ahorrada, determinada mediante la medición o la estimación, o ambas, del consumo antes y después de la aplicación de alguna medida de mejora de la eficiencia energética, teniendo en cuenta al mismo tiempo la normalización de las condiciones externas que influyen en el consumo de energía. Por tanto, podemos entender por obligación de ahorro de energía, al mandato impuesto a los Estados miembros de la Unión Europea para que adopten medidas que garanticen una reducción efectiva del consumo energético a nivel nacional, contribuyendo así a los objetivos de eficiencia energética y reducción de emisiones.

Concretamente, en España, en el año 2014, siguiendo los mecanismos articulados por la Directiva, ya mencionados, se creó el sistema Nacional de Obligaciones de Eficiencia Energética (SNOEE) a través del Real Decreto-ley 8/2014, de 4 de julio cuya regulación se incluye en un momento posterior en la Ley 18/2014, de 15 de octubre[10] y el régimen de contribuciones al mismo que analizaremos a continuación.

---

10. El SNOEE se crea por medio del Real Decreto-ley 8/2014, de 4 de julio, de aprobación de medidas urgentes para el crecimiento, la competitividad y la eficiencia, que trasponía al ordenamiento la Directiva 2012/27/UE del Parlamento Europeo y del Consejo de 25 de octubre de 2012 relativa a la eficiencia energética, por la que se modifican las Directivas 2009/125/CE y 2010/30/UE, y por la que se derogan las Directivas 2004/8/CE y 2006/32/CE. Actualmente está previsto en la Ley 8/2014, de 15 de octubre, de aprobación de medidas urgentes para el crecimiento, la competitividad y la eficiencia.

II.

EL SISTEMA ESPAÑOL DE OBLICAIONES DE EFICIENCIA ENERGÉTICA Y LOS CERTIFICADOS DE AHORRO ENÉRGETICO

1. LA OBLIGACIÓN DE APORTACIÓN DE AHORROS ANUAL EL SISTEMA NACIONAL DE OBLIGACIONES DE EFICIENCIA ENERGÉTICA (SNOEE) A TRAVÉS DEL FONDO NACIONAL DE EFICIENCIA ENERGÉTICA (FNEE)

Tal y como señala la Exposición de Motivos de la ley 18/2014, de 15 de octubre, de aprobación de medidas urgentes para el crecimiento, la competitividad y la eficiencia, «La Directiva de Eficiencia Energética establece en su artículo 7 la obligación vinculante de justificar una cantidad de ahorro de energía final para 2020. En cumplimiento de esta obligación, España ha comunicado a la Comisión Europea un objetivo de 15.320 kilotonelada equivalente de petróleo (en adelante ktep[11]) de ahorro energético acumulado para el periodo 2014 a 2020, objetivo que se ha incrementado hasta los 15.979 ktep según la última revisión de la metodología realizada por la Comisión Europea»; «Asimismo, el artículo 7 de la Directiva

---

11.   La kilotonelada equivalente de petróleo es una unidad de medida de energía que equivale a 1.000 toneladas equivalentes de petróleo, y se utiliza para comparar diferentes fuentes de energía en términos de su contenido energético, tomando como referencia la energía que se obtendría de quemar una tonelada de petróleo crudo

determina que cada Estado miembro establecerá un sistema de obligaciones de eficiencia energética, en cuya virtud los distribuidores y/o comercializadores de energía quedarán obligados a alcanzar en el año 2020 el objetivo de ahorro indicado, mediante la consecución anual a partir del año 2014 de un ahorro equivalente al 1,5 por ciento de sus ventas finales anuales de energía». Pues bien, el artículo 69 de la cita ley crea el mencionado SNOEE en nuestro ordenamiento. Podríamos definir estos sistemas como «mecanismos regulatorios en virtud de los cuales se imponen a determinados agentes económicos objetivos cuantificables sobre el consumo final de energía que deben alcanzar mediante la implementación, directamente o por medio de empresas de servicios energéticos, de medidas estandarizadas de eficiencia[12]».

Ahora bien, ¿quiénes son los sujetos obligados al sistema y cómo puede hacerse frente al mismo? El art.7 de la Directiva establece como posibles sujetos obligados a los distribuidores de energía y/o las empresas minoristas de venta de energía, sin embargo, nuestra ley nacional opta por un criterio más restrictivo al definir como tales las empresas comercializadoras de gas y electricidad, a los operadores de productos petrolíferos al por mayor y a los operadores de gases licuados del petróleo al por mayor careciendo de tal obligación el resto. Esta cuestión fue muy criticada e incluso llevó a plantear diversos recursos ante el Tribunal Supremo(en adelante TS), al entender las partes afectadas que «la Exposición de Motivos de la Ley 18/2014 justifica la consideración de los operadores al por mayor como sujetos obligados por «la atomización existente en la comercialización final de estos productos *reconociendo* de este modo de forma explícita la existencia de razones de comodidad o conveniencia en el control de la obligación para alterar el ámbito subjetivo propio de los sistemas de obligaciones de

---

12. FUNSEAM «El sistema español de obligaciones de eficiencia energética. Un análisis crítico de la transposición de la Directiva de eficiencia energética». Mayo de 2015. Pág. 7

eficiencia energética, trasladando aguas arriba dicho ámbito subjetivo hasta encontrar un grupo de sujetos que, por su menor número, simplifica el control de la obligación, con independencia de que tenga o no la posibilidad de influir en los hábitos de consumo o en la adopción de tecnologías más eficientes por parte del consumidor final de energía[13]».

Ello llevó a FUNSEAM[14] a recurrir la cuestión, ya que discrepaban del criterio seguido a la hora de determinar cuáles son las empresas obligadas a contribuir y cuáles no, (además del sistema establecido a través de un fondo, sobre el que volveremos más adelante). El TS remitió cuestión prejudicial al Tribunal de Justicia de la Unión Europea (en adelante TJUE), mediante autos de 25 de octubre y 28 de diciembre de 2016 y entre las consultas que planteó, estaba si la Directiva era compatible con la imposición de las obligaciones de ahorro energético sólo a unos sujetos de los sectores del gas y la electricidad. El TJUE, en sentencia de 7 de agosto de 2018 (asunto C-561/16), entiende que pese a que el artículo 7.4 de la DEE[15] no emplea la conjunción «o», sino únicamente la conjunción coordinativa «y», no tiene entidad suficiente para tener la obligación de incluir a los distribuidores dado que, «de la estructura general de dicha disposición se desprende que los Estados miembros pueden efectivamente optar por designar como partes obligadas a los distribuidores de energía o a las empresas minoristas de venta de energía y excluir así de la categoría de las partes obligadas a una parte de los actores del sector de la energía». Ahora bien, considera que incumbe al Tribunal Supremo valorar la configuración y las características del mercado nacional, así como la situación de los operadores de ese mer-

---

13. FUNSEAM, op.cit... pág 11. La cursiva es nuestra.

14. Fundación para la Sostenibilidad Energética y Ambiental (https://funseam.com/)

15. Viene referido a la regulación de la Directiva anterior, 2012/27/UE, que fue posteriormente modificada por la Ley18 /2002 y, en la actualidad, por la Directiva 2023/1791. Si bien se mantiene la misma configuración de obligados en su artículo 9.3.

cado y verificar si, en ese contexto, la designación de las empresas obligadas se basa efectivamente en criterios expresamente establecidos, objetivos y no discriminatorios. En este sentido, HERNÁNDEZ LÓPEZ, considera que nos encontramos ante una obligación de servicio público (OSP) aunque no esté expresamente reconocida como tal y este tipo de prestaciones exigen que se definan claramente, ser transparentes, no discriminatorias y controlables y, «aunque los recurrentes no lo mencionan, parece que el legislador español justifica tal exclusión en el preámbulo de la Ley 18/2014. En particular explica que, en España, los distribuidores de energía no realizan labores de comercialización, sino una actividad de gestión de la red. Por ello se establece "que sean los comercializadores los sujetos obligados que es donde la DEE exige los ahorros de energía"». Por tanto, entiende precisamente que la Exposición de Motivos lo que hace es darle cobertura a su designación. Sin embargo, respecto a los operadores de productos petrolíferos y de gas licuado al por mayor, incluido el transporte precisa que «resulta llamativo que se escoja como obligados a sujetos que venden esos productos al por mayor cuando la DEE exige que se trate de empresas minoristas de energía que están definidas como «toda persona física o jurídica que vende energía al cliente final». Sin embargo, se justifica tal decisión en la atomización del sector —lo cual es lógico—. Ahora bien, ello no impide señalar que hay una contradicción con la DEE. Con todo, los recurrentes no se refieren a este aspecto[16]».

En esta línea el Tribunal Supremo ante la alegación de vulneración del principio de igualdad en la selección de los obligados tributarios haciéndose eco de la sentencia del TJUE referida, entiende que, en la medida que el legislador lo explica en la propia Exposición de Motivos, no puede entenderse discriminatorio. Como sentencia el propio Tribunal «determinadas

---

16. HERNÁNDEZ LÓPEZ, C. «El Fondo Nacional de Eficiencia Energética. A propósito de la STJUE de 7 de agosto de 2018. Revista Aragonesa de Administración Pública ISSN 2341-2135, núm. 53, Zaragoza, 2019, pp. 430-432.

opciones, como las seguidas en este caso por el legislador español, tanto si son de carácter técnico como si responden a razones de política económica, pueden resultar acertadas o no, pero ello no constituye un óbice de legalidad. Por tanto, la opción del legislador español, expresamente justificada como lo requiere la Directiva en la interpretación del TJUE, al basarse en criterios objetivos y que no pueden ser tachados de discriminatorios, resulta conforme a derecho[17]». De esta forma el TS confirma la licitud de los sujetos obligados por la norma al sistema.

Ahora bien, ¿cómo se materializa el mismo? La Directiva establece varios mecanismos de cumplimiento con el sistema. En efecto para lograr el objetivo cuantificable sobre el consumo final de energía tienen que implementarse, directamente o por medio de empresas de servicios energéticos, medidas estandarizadas de eficiencia. Para ello, desde la inicial regulación en 2012, hasta la actual DEE de 2023 se ha previsto poder cumplir a través de dos vías; la aportación dineraria al sistema a través del Fondo Nacional de Obligaciones de Eficiencia Energética (en adelante FNEE) o bien la aportación de la acreditación de la realización de actuaciones de eficiencia entre los consumidores finales, a través de certificados negociables (denominados «certificados blancos»).

España, en un primer momento, a pesar de tener prevista ambas opciones en la Ley 18/2014, solo desarrolló el FNEE que implicaba que los sujetos obligados tuvieran que realizar aportaciones al mismo. Éstas se calculan por el importe resultante de multiplicar la obligación de ahorro anual por la equivalencia financiera que se establezca. El FNEE, configurado sin personalidad jurídica, es controlado y gestionado por el Instituto para la Diversificación y Ahorro de Energía (IDAE) quién se encarga de repartir dichos fondos para la realización de actua-

---

17. Vid. Por todas STS164272019, 22 mayo (FJ 3), en el mismo sentido 2675/2019, de 15 de julio (FJ3), STS 3530/2019, de 11 de noviembre (FJ2) y STS 919/2020), de 12 de marzo (FJ3)

ciones de eficiencia energética con el objetivo de dar cumplimiento a los compromisos adquiridos por nuestro país. La creación del Fondo no estuvo exenta de polémica, ya que «la aportación al FNEE de una contribución anual por importe equivalente a los ahorros necesarios, se ha convertido en la forma exclusiva de dar cumplimiento a las obligaciones del sistema nacional de obligaciones de eficiencia energética, obviando que estos fondos están concebidos en la DEE únicamente como mecanismos de respaldo de las iniciativas nacionales de eficiencia energética». Ciertamente, la propia ley reconoció que tanto la premura en el cumplimiento de los objetivos como la búsqueda de una eficacia inmediata le llevó a la creación de este mecanismo. Cuestión que fue rechazada por las asociaciones de empresas del sector de los sujetos obligador por entender que «se ha subvertido el sentido mismo de la existencia de los sistemas de obligaciones de eficiencia energética, creando en su lugar una obligación pecuniaria de carácter tributario consistente en realizar contribuciones al FNEE para que éste lleve a cabo las actuaciones de ahorro que estime necesarias[18]».

Evidentemente, no faltando razón a los que consideran que el sistema no debiera basarse exclusivamente en aportaciones al FNEE, como manifiesta Ruiz Pérez «conviene señalar que la opción del legislador español ha sido reforzada en la nueva Directiva 2018/2002 de eficiencia energética. En este sentido, la nueva norma modifica el artículo 7, añadiendo un apartado bis, que recoge expresamente la posibilidad de que los Estados miembros opten porque los sujetos designados del sistema de obligaciones cumplan todos sus requerimientos de ahorro energético, o parte de ellos, a través de contribuciones económicas a los Fondos Nacionales de eficiencia energética creados por cada país. De este modo, la Unión Europea simplifica el funcionamiento del sistema de obligaciones en la medida en que los Estados pueden optar por gestionar directamente estas

---

18. FUNSEAM, op.cit... pág 11-12.

aportaciones económicas y financiar a través de ellas mecanismos de apoyo financiero, asistencia técnica y programas de formación en eficiencia energética que permitan alcanzar los objetivos marcados por las políticas europeas[19]». Y así se mantiene también en la DEE de 2023.

Por tanto, podemos afirmar que se consolida el sistema de obligaciones establecido y consideramos de interés estudiar tanto la propia naturaleza jurídica de la obligación de aportación para analizar a donde nos lleva, así como el sistema CAE en la medida que representa una herramienta estratégica para alcanzar los objetivos europeos, movilizar la inversión privada y fomentar una economía más eficiente y sostenible en el uso de la energía[20]. Pasamos a verlo a continuación.

2. LA NATURALEZA JURÍDICA DE LA OBLIGACIÓN DE APORTACIÓN, ¿PRESTACIÓN PATRIMONIAL DE CARÁCTER PÚBLICO?

Como se ha mencionado la Ley 18/2014, de 15 de octubre en su art. 69 crea el sistema nacional de obligaciones de eficiencia energética, en virtud del cual se asignará a las empresas comercializadoras de gas y electricidad, a los operadores de productos petrolíferos al por mayor, y a los operadores de gases licuados de petróleo al por mayor, en adelante una cuota anual de ahorro energético de ámbito nacional, denominada obligaciones de ahorro[21]. Una de las cuestiones que nos plan-

---

19. Ruiz Pérez, A. «El Fondo Nacional de Eficiencia Energética: comentario a la STS de 12 de marzo 2020» Actualidad Jurídica Ambiental, n. 103, Sección «Comentarios de jurisprudencia». ISSN: 1989-5666; Págs. 10-11

20. MINISTERIO TRANSICIÓN ECOLÓGICA.... Op.cit Pág. 16

21. Tal y como establece el art. 70 de la citada ley: El objetivo de ahorro energético anual de cada sujeto obligado se calculará multiplicando las ventas de energía correspondientes a cada uno de los citados sujetos en el año n-2 (siendo n el año de referencia de la obligación), por el resultado de dividir el objetivo de ahorro anual promedio del periodo 2015-2020, entre el volumen de ventas anual promedio del conjunto de todos los sujetos obligados considerado en

teamos en relación con la misma es su posible carácter de prestación patrimonial de carácter público y, a su vez, su posible naturaleza o no tributaria. Lógicamente, las consecuencias derivadas de ello podrían llevarnos a distintas conclusiones en función de esta. Como se ha mencionado, su creación no fue ampliamente aceptada y llevo a plantear esta cuestión, entre otras, a la jurisdicción. Se presentaron diversos recursos ante el Tribunal Supremo en los que se discutían la legalidad tanto de la determinación de los sujetos obligados, ya comentada con anterioridad, como la propia existencia del fondo, que llevaron al planteamiento de las cuestiones prejudiciales también mencionadas. Se pone en duda la propia configuración del FNEE y la posible vulneración de distintos principios constitucionales en sí, conectando directamente con la naturaleza jurídica de la obligación establecida.

En efecto, las partes afectadas por establecimiento de la obligación entendieron desde un primer momento que se estaba estableciendo una prestación de naturaleza tributaria, en concreto un impuesto, para financiar las iniciativas del Estado en materia energética, cuyos sujetos pasivos serían las empresas comercializadoras de gas y electricidad, los operadores de productos petrolíferos al por mayor y los operadores de gases licuados de petróleo al por mayor. Esa premisa los llevó a impugnar las Órdenes Ministeriales anuales (2015, 2016, 2017 y 2018) que establecen los elementos y circunstancias que determinaban la cuota a satisfacer por los sujetos obligados y el to-

---

las correspondientes órdenes ministeriales publicadas por las que se establecen las obligaciones de aportación al Fondo Nacional de Eficiencia Energética en dicho período, multiplicado por un factor, que podrá variar a lo largo del periodo 2021-2030, de manera que se logre la consecución del objetivo de ahorro de energía final establecido en el artículo 7 de la Directiva 2012/27/UE, modificada por la Directiva (UE) 2018/2002, en el periodo 2021-2030.

Es decir, el objetivo anual de ahorro energético correspondiente a cada uno de los sujetos obligados se calculará de la siguiente manera:

$$\textit{Ventas de energía del sujeto obligado (año } n-2)\textit{x} \left(\frac{\textit{Promedio del objetivo de ahorro anual } 2015-2020}{\textit{Promedio del volumen de ventas de todos los sujetos obligados } 2015-2020} \right) \textit{x C}$$

tal de la obligación[22]. Su argumentación principal, con mínimos matices entre unas y otras, era la vulneración de los principios constitucionales de capacidad económica, reserva de ley, igualdad e interdicción de la arbitrariedad, así como el incumplimiento de la normativa europea por el no establecimiento de un sistema alternativo a pesar de estar previsto en la propia Directiva.

Empezando por la normativa europea que dio lugar a la mencionada cuestión prejudicial el TJUE entendió que en el momento en que FNEE forma parte de las medidas capaces de permitir ahorros de energía —en tanto que sus recursos se invierten en acciones de eficiencia—, su configuración es válida, si bien lo encajó en el artículo dedicado a las medidas alternativas más que el art 7.1 o 7.4 o 20 de medidas principales de la DEE en vigor en ese momento. En su opinión el Fondo «tiene por finalidad financiar las iniciativas nacionales de eficiencia energética. Este Fondo se dedica a la financiación de mecanismos de apoyo económico, financiero, asistencia técnica, formación, información u otras medidas con el fin de aumentar la eficiencia energética, contribuyendo así realización de los objetivos que el Derecho de la Unión y el Derecho español persiguen en esta materia... Por lo tanto, cabe considerar que la obligación de contribuir anualmente al Fondo está comprendida en el ámbito de aplicación del artículo 7, apartado 9, párrafo segundo, letra b), de la Directiva, en la medida en que constituye un instrumento de financiación que induce a que se apliquen tecnologías o técnicas eficientes desde el punto de vista energético y que da lugar a una reducción del consumo de energía de uso final[23]». El TJUE otorga mucha flexibilidad a los Estados y entiende que, aunque sólo exista una manera, que es la aportación dineraria al Fondo, de contribuir al sistema esta será válida siempre y cuando sirva para la consecución

---

22. Recursos que se resuelve en sendas sentencias con argumentos similares, coincidentes o citándose entre sí (STSs1642/2019, 22 mayo; 2675/2019, de 15 de julio; STS 3530/2019, de 11 de noviembre y STS 919/2020, de 12 de marzo).

23. STJUE 7 agosto 2018 (C-561/16)

de los objetivos comprometidos. En palabras de HERNÁNDEZ LÓPEZ «Sin duda, la idea que subyace bajo esta reflexión es que importa más la consecución de los objetivos que los medios para alcanzarlo[24]». Por tanto, nuestro Tribunal Supremo se remite a lo ya entendido por el TJUE como no podía ser de otra forma.

En cuanto a las cuestiones constitucionales que se plantean, nuestro Tribunal Supremo parte del análisis de la naturaleza de la prestación desde la propia jurisprudencia constitucional. El Alto Tribunal nos recuerda que la sentencia 182/1997 (FJ 15), «advierte, con cita de la STC 185/1995, que una interpretación sistemática de la Constitución «lleva directamente a no considerar como sinónimas la expresión 'tributos' del art. 31.1 C.E. y la más genérica de 'prestaciones patrimoniales de carácter público' del art. 31.3 C.E.», por lo que concluye señalando la STC 182/1997 que si bien todo tributo es una prestación patrimonial de carácter público, no todas estas prestaciones patrimoniales tienen naturaleza tributaria». Junto a ello, en la sentencia 83/2014 (FJ 3) el Tribunal Constitucional señala que una determinada prestación patrimonial de carácter público tendrá naturaleza tributaria si «se satisfacen, directa o indirectamente, a los entes públicos con la finalidad de contribuir al sostenimiento de los gastos públicos» y se remite a su pronunciamiento sobre la regulación del déficit tarifario (STC 167/2016) en la cual el Tribunal Constitucional sentencia que «no toda prestación impuesta tiene que ser necesariamente una expresión concreta del deber de contribuir del art. 31.1 CE, como sucede cuando en ella no se persigue derechamente buscar una nueva forma de allegar medios económicos con los que financiar el gasto público, aunque tenga como efecto económico indirecto el de servir también a dicha financiación[...] sino que nos hallamos ante una medida adoptada por el Estado al margen de su poder tributario (art.133.1.CE) cuyos destinatarios son llamados a su cumplimiento no como contribuyentes (en el seno de una rela-

---

24. HERNÁNDEZ LÓPEZ, C. «El Fondo...» Op.cit. Pág. 431.

ción jurídico tributaria), sino en el marco...de su relación económica con el Estado dentro de un sector regulado como el eléctrico, relación de la que pueden surgir tanto derechos como cargas que asumir [...]». Jurisprudencia constitucional que, considera el Tribunal, permite negar el carácter tributario a esta obligación.

No se trata de una cuestión baladí ya que su naturaleza de prestación patrimonial de naturaleza no tributaria conlleva que nos encontremos, en palabras de Esteve Pardo ante «prestaciones impuestas coactivamente, que las deben satisfacer un grupo determinado de sujetos en función de su especial responsabilidad en la financiación de unos determinados gastos y que su naturaleza jurídica sin ser claramente tributaria tiene algunos rasgos que las acercan a los tributos» que no dejan de generar ciertos problemas en la práctica. Como sigue afirmando la profesora «el planteamiento de estos supuestos, entre otros que se podrían realizar, pretende incitar al debate sobre la necesidad de reconfigurar nuestras categorías tributarias tradicionales o de introducir alguna nueva categoría de manera que se puedan encajar estas nuevas figuras que responden a una realidad material y jurídica muy diferente a la que existía en el momento en que se acabaron de perfilar nuestras categorías tributarias[25]».

Sea como fuere en este caso parece clara la naturaleza no tributaria de estas obligaciones, toda vez que, como se ha mencionado, siguiendo los planteamientos de nuestro TC, no se financian gastos públicos, entendiendo que «esos gastos, que deben asignar equitativamente los recursos públicos, y que se exige que sean objeto de programación y ejecución con criterios de eficiencia y economía, cabría entender que son los efectuados por el sector público, que según el art. 134.2 de la

---

25. Esteve Pardo, M.L «La financiación de las Áreas de Promoción Urbana: ¿podemos «importar» la categoría tributaria alemana de Sonderabgabe? *Documentos- Instituto de Estudios Fiscales (Ejemplar dedicado a: VI Encuentro de Derecho Financiero y Tributario: Tendencias y retos del Derecho Financiero y Tributario)* 2018, núm. 11. Pág. 148

Constitución, deberán incluirse en los Presupuestos Generales del Estado, y a los que se extiende, según el art. 136 de la Constitución, el control del Tribunal de Cuentas[26]». Podemos afirmar en palabras de ORTIZ CALLE que «la diferencia fundamental entre el tributo y la prestación patrimonial de carácter público radicaría en la finalidad *directamente contributiva* del primero, en la medida que procura de manera inmediata recursos financieros a un Ente público. Las prestaciones patrimoniales de carácter público pueden implicar un menor gasto para el Estado[27]» *sin bien ello no les otorga naturaleza tributaria*[28].

Ahora bien, tal condición hace que decaiga la aplicación de los principios de justicia material del art. 31.1 CE, aunque sí se aplica el principio de legalidad que se predica de toda prestación patrimonial con garantía necesaria derivada de su coactividad. Como se ha manifestado «no existen razones objetivas para que el principio de reserva de ley tributaria se aplique de manera distinta en el ámbito de las prestaciones patrimoniales de carácter público no tributario y en la esfera de los tributos[29]». En este caso concreto así lo ha entendido el Tribunal Supremo, en la sentencias citadas, al realizar su análisis y concluir que la órdenes que se impugnan no lo vulneran toda vez que «la reserva de ley que resulta del artículo 31.3 de la Constitución obliga a que sea el legislador el que decida el «establecimiento» de prestaciones patrimoniales de carácter público, pero admite la colaboración reglamentaria siempre que ésta «sea indispensable por motivos técnicos para optimizar el cumplimiento de las finalidades propuestas por la Constitución o por la propia ley» y se produzca dicha colaboración en térmi-

---

26. GONZÁLEZ ORTIZ, D. «La atribución legal de naturaleza jurídica a las contraprestaciones satisfechas coactivamente a empresas públicas y privadas». Quincena Fiscal, Nº 21, Sección Estudios, 2020. Pág 17.

27. ORTIZ CALLE, E. «Las fronteras del derecho tributario. A propósito de las prestaciones patrimoniales de carácter público no tributario» Quincena Fiscal, Nº 19, Sección Estudios, 2018. Pág. 8.

28. La cursiva es nuestra.

29. ORTIZ CALLE, E. «Las fronteras...», op.cit. Pág. 9.

nos de subordinación, desarrollo y complementariedad (STC 150/2003 y las que allí se citan)» ... y «las Órdenes dictadas en aplicación de la ley no son disposiciones de carácter general sino un acto administrativo de aplicación de las previsiones normativas contenidas en la Ley 18/2014».

Podemos igualmente plantearnos que al «no aplicarse el principio de capacidad contributiva, es forzoso preguntarse por los límites que tiene el legislador en el establecimiento de prestaciones patrimoniales públicas no tributarias, al margen naturalmente de la reserva de ley del artículo 31.3 de la norma fundamental. A este respecto, el propio Tribunal Constitucional en su STC 233/1999 (FJ 35) ha señalado que *«además de tener un fin constitucionalmente lícito, las prestaciones de carácter público deben también respetar los límites, exigencias y principios que la Constitución recoge en su articulado, el primero de los cuales deriva del propio art. 31.3 C.E.»*. Esta referencia abierta a los «límites, exigencias y principios que la Constitución recoge en su articulado» da lugar a que la jurisprudencia del Tribunal Constitucional pueda y deba ser completada[30]». En cualquier caso, entendemos que esta categoría, no exenta de eterna polémica queda sometida a la Constitución y a las leyes y en ese marco se aplicará, quedando, por tanto, solventadas las iniciales dudas sobre su naturaleza jurídica y posibles problemas asociados.

3. EL SISTEMA CAE COMO NOVEDAD EN LOS MECANISMOS DE CONTRIBUCIÓN A LA GENERACIÓN Y CERTIFICACIÓN DE ACTUACIONES DE AHORRO OBLIGATORIAS.

Varios años después de la aprobación de la Ley 18/2014 (modificada por el Real Decreto-ley 23/2020, de 23 de junio), se aprueba el Real Decreto 36/2023, de 24 de enero, por el que

---

30. Ortiz Calle, E «Las fronteras...», op.cit. Pág. 24.

se establece un sistema de Certificados de Ahorro Energético (CAE). Éste viene a complementar la articulación del SNOEE, ya que permite, tal y como preveía la normativa, un mecanismo alternativo a las aportaciones dinerarias, como se venía haciendo en otros países de nuestro entorno, como es el caso de Francia o Italia. Mientras que hasta este momento la única opción de contribuir al sistema era con éstas, con la consecuente queja de los sujetos obligados ya mencionada con anterioridad, y esas cantidades aportadas se utilizaban para destinarlas a financiar actividades de EE, ahora se propone el sistema a la inversa: se hacen actuaciones de ahorro que son certificadas y validadas a través de CAE respondiendo a la obligación anual de ahorros establecida. De esta forma los sujetos obligados cumplen con la prestación patrimonial obligatoria de aportación al SNOEE, pero a través de certificados de actuaciones ya realizadas por ellos mismos, o por terceros. Lógicamente por las mismas habrán tenido que pagar algún importe económico, si bien, con menor coste que la aportación financiera directa al fondo, como explicaremos a continuación.

La aportación al FNEE, como se ha mencionado, se establece anualmente en función de la obligación de ahorro y la equivalencia financiera. Ésta es un valor económico que representa el coste medio necesario para conseguir una tonelada equivalente de petróleo (ktep) de ahorro energético. Este valor se utiliza para calcular la aportación económica que los sujetos obligados deben realizar al Fondo cuando optan por esta vía en lugar de cumplir su obligación mediante la liquidación de CAE. Por tanto, es la cuantía que acaba marcado el importe «tope» a pagar por las compras de CAEs. Por ejemplo, para el año 2025 se establece en 2,20 millones de euros por ktep ahorrado (2,20 M€/ktep), lo que equivale a 189.165,95 euros por GWh ahorrado (189.165,95 €/GWh), en base al coste medio estimado para movilizar en todos los sectores de actuación las inversiones necesarias para alcanzar el objetivo anual de ahorro. Por ejemplo, si un sujeto obligado tiene una obligación de ahorro de 500 GWh y decide liquidar el 85% mediante CAE, deberá aportar económicamente el 15% restante. La aportación económica sería de aproximadamente 28.375.000 euros (15% de 189.165,95 euros por GWh). La aportación al FNEE es tasada, sin embargo, los CAEs admiten una parte de negociación en el mercado. Según el Ministerio «Teniendo en cuenta los datos agregados de las solicitudes realizadas hasta el 31/05/2025, el precio medio que reciben los propietarios iniciales de los ahorros se sitúa entre los 110 euros/MWh y los 140 euros/MWh[31]». Si tenemos en cuenta que la equivalencia financiera se sitúa en de 189 €/MWh, este instrumento es más económico para los obligados tributarios. Ahora el dato del Ministerio viene referido en base a la liquidación final de los CAEs por lo que entendemos que, en muchos casos, será un poco superior de lo que se pague en el mercado primario a los verdaderos propietarios de la generación de ahorros.

En efecto, la contribución al SNOEE puede ser económica, como hemos visto, a través de FNEE pero también a través de la certificación de actuaciones de eficiencia energética, y para ello se habilita al Gobierno para regular un sistema de acreditación de ahorros de energía final mediante la emisión de Certificados de Ahorro Energético, que permita a los sujetos obligados dar cumplimiento parcial o total a sus obligaciones de ahorro energético al menor coste posible, mediante la realización o promoción, directa o indirecta, de actuaciones de eficiencia energética en diversos sectores como la edificación, el transporte, la industria o los servicios, que consigan un ahorro significativo en el consumo de energía final. Esa acreditación se hará mediante los citados Certificados de Ahorro Energéticos (CAES).

El marco regulatorio lo encontramos en el Real Decreto 36/2023, de 24 de enero, ya mencionado, por el que se establece un sistema de Certificados de Ahorro Energética, y diversas ordenes o reglamentos de desarrollo; Por un lado, aquellas que

---

31. (chrome-extension://efaidnbmnnnibpcajpcglclefindmkaj/https://www.miteco.gob.es/content/dam/miteco/es/energia/files-1/Eficiencia/CAE/Documents/informes-cae/20250531_Informe%20CAE_2025_Mayo.pdf)

han ido estableciendo las obligaciones de ahorro, así como las aportaciones mínimas al fondo y la equivalencia financiera. La Orden TED/296/2023, de 27 de marzo, por la que se establecen las obligaciones de aportación al Fondo Nacional de Eficiencia Energética en el año 2023, estableció un objetivo de aportación de hasta el 40% a través de CAE, si bien con carácter voluntario, y el 60% vía aportación económica. Para el año 2024, la Orden TED/268/2024, de 20 de marzo, se estableció obligatoriamente al menos un 35 % de su cuota de obligación de ahorro mediante aportaciones económicas al FNEE, pudiendo satisfacer el 65% de su obligación mediante la liquidación de CAE. Y para el año 2025, la Orden ED/197/2025, de 26 de febrero, se establece la obligación de un 15% de aportación al Fondo y el resto puede hacerse mediante CAE. Junto a ellas aparece la Orden TED/815/2023, de 18 de julio, por la que se desarrolla parcialmente el Real Decreto 36/2023, de 24 de enero, por el que se establece un Sistema de Certificados de Ahorro Energético y la Orden TED/845/2023, de 18 de julio, por la que se aprueba el catálogo de medidas estandarizadas, cuya última revisión se ha realizado el 22 de mayo de 2025.

Si observamos desde el año de implantación hasta la actualidad se ha ido disminuyendo la cuantía obligatoria de aportación dineraria para ir aumentando la posibilidad, ya que su régimen es voluntario, de aportación del resto de ahorros a través de CAE. Sin duda es una clara apuesta por el sistema. Según los datos del Ministerio para la Transición Ecológica y Reto Demográfico (en adelante MITECO) desde su implantación en 2023 su uso ha ido en aumento y demuestra el incremento que los mismos tendrán a futuro.

32

En consecuencia, nos encontramos con actuaciones de eficiencia realizadas por terceros y susceptibles de ser certificadas para que los sujetos obligados obtengan CAEs. Es decir, el sistema coloca a los sujetos obligados o delegados como «guardianes» o promotores de una actuación que obtendrá un certificado que le interesa para cumplir con su obligación de aportación al FNEE. De esta forma se monetiza el ahorro a la vez que se promueve la inversión en eficacia energética. El certificado oficializa la cantidad de energía ahorrada (1CAE=1 kWh) y los propietarios de los ahorros que invierten en actuaciones dejan

---

32. Los últimos datos publicados a fecha de cierre de este trabajo son a 31 de agosto de 2025. Disponible en https://www.miteco.gob.es/es/energia/eficiencia/cae.html

que las mismas sean certificadas para poder ser aportadas por los obligados, mediante la firma de un convenio, con estos o intermediarios que a su vez los venden, y obteniendo una contraprestación monetaria (o ahorro en factura) definida en el mismo.

El documento certifica el ahorro conseguido con actuaciones de eficiencia energética, medido en kWh/año. Las actuaciones que se pueden certificar son todas aquellas que supongan un ahorro y estén enmarcadas en la Directiva de Eficiencia Energética, con el límite mínimo de 30MWh. Para facilitar su alcance se crean dos líneas de actuación: Actuaciones que responden a unas fichas contenidas en un catálogo y las actuaciones singulares que son específicas o no replicables.

Las primeras de ellas se verifican en función del cumplimiento de unos estándares recogidos en una ficha, la metodología de cálculo está validada en la propia ficha y el proceso es sencillo, automatizado y rápido. Un ejemplo de este tipo de actuaciones es la sustitución del equipo o equipos de climatización (calefacción y/o refrigeración) en un edificio del sector terciario (hoteles, restaurantes, hospitales, centros educativos, bibliotecas, centros culturales, oficinas...) por una bomba de calor tipo aire-aire, o aire-agua, no afectando la actuación a los elementos que configuran la instalación térmica o la reforma de un edificio para sustituir ventanas y rehabilitar partes opacas en aras a mejorar la eficiencia energética, catalogado como rehabilitación de evolvente térmica... y así hasta un amplio elenco de actuaciones que mencionaremos a continuación.

En el caso de las segundas, las singulares, son actuaciones que, por su complejidad o por las interacciones entre fichas diferentes del catálogo deben ser presentadas y justificadas como proyectos. En estos casos, se exigen de un preciso y detallado informe técnico que mida adecuadamente los ahorros. El proceso es más largo pues exige el examen de las distintas actuaciones que suelen ser más complejas, e incluso puede incluir varias del catálogo a la vez, y por ende generar más ahorro. Es una fórmula más precisa pero también más lenta. Una de las primeras actuaciones emblemáticas que se ha gestionado por esta vía ha sido la rehabilitación energética del Teatro Real[33], siendo la valoración global muy positiva.

Tal y como reflejan los datos las primeras son más utilizadas que la segundas, sin embargo, la distancia, en términos de ahorro no es significativa, produciendo un mayor ahorro las segundas.

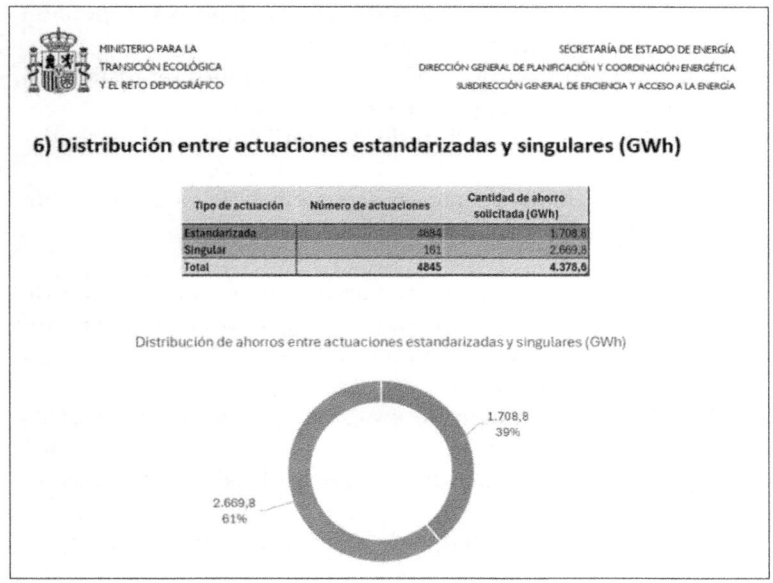

34

Las fichas se regulan en la Orden TED/845/2023, de 18 de julio, por la que se aprueba el catálogo de medidas estandarizadas de eficiencia energética, cuya última actualización se ha realizado el 22 de mayo de 2025. En él se concretan actuaciones en los sectores, agrario, de transporte, industrial, terciario,

---

33. https://www.prtr.miteco.gob.es/es/proyectos/teatro-real.html

34. Los últimos datos publicados a fecha de cierre de este trabajo son a 31 de agosto de 2025. Disponible en https://www.miteco.gob.es/es/energia/eficiencia/cae.html

y residencial. En total 114 fichas técnicas. Podemos citar algunos ejemplos en cada uno de ellos:

Sector Agrario; Incluye medidas para mejorar la eficiencia energética en actividades agrícolas y ganaderas. Ejemplos destacados:

— AGR001: Sustitución de sistemas de riego por aspersión por sistemas de riego localizado.
— AGR002: Mejora de la eficiencia energética en instalaciones de secado de productos agrícolas.
— AGR003: Optimización de la ventilación en invernaderos.
— AGR004: Implementación de sistemas de calefacción eficientes en invernaderos.

Sector Industrial: Este sector abarca una amplia gama de medidas para reducir el consumo energético en procesos industriales. Ejemplos representativos:

— IND001: Sustitución de motores eléctricos por motores de alta eficiencia.
— IND002: Recuperación de calor residual en procesos industriales.
— IND003: Optimización de sistemas de compresión de aire.
— IND004: Mejora de la eficiencia energética en sistemas de iluminación industrial.

Sector Terciario: Incluye medidas para mejorar la eficiencia energética en edificios comerciales y de servicios. Ejemplos destacados:

— TER001: Sustitución de sistemas de climatización por equipos de alta eficiencia.
— TER002: Implementación de sistemas de control y gestión energética en edificios.

— TER003: Mejora del aislamiento térmico en envolventes de edificios.
— TER004: Instalación de sistemas de iluminación LED en oficinas y comercios.

Sector Residencial: Este sector se centra en medidas para mejorar la eficiencia energética en viviendas. Ejemplos representativos:

— RES001: Sustitución de calderas convencionales por calderas de condensación.
— RES002: Instalación de sistemas de energía solar térmica para agua caliente sanitaria.
— RES003: Mejora del aislamiento térmico en viviendas.
— RES004: Sustitución de electrodomésticos por modelos de alta eficiencia energética.

Sector Transporte: Incluye medidas para reducir el consumo energético en el sector del transporte. Ejemplos destacados:

— TRA001: Sustitución de vehículos convencionales por vehículos eléctricos.
— TRA002: Implementación de sistemas de gestión de flotas para optimizar rutas y consumo.
— TRA003: Mejora de la eficiencia energética en sistemas de transporte público.
— TRA004: Fomento del uso de combustibles alternativos en el transporte.

Si analizamos los datos publicados por el MITECO podemos comprobar el seguimiento por sectores en el que el industrial es el que más está utilizando el sistema. Lógicamente, realiza actuaciones de mayor envergadura en las que compensa la tramitación de los CAEs, sin embargo, en el sector residencial las actuaciones son muy pocas y, ello debe preocuparnos en la medida en que es uno de los puntos prioritarios de la nueva directiva que debe ser implementada.

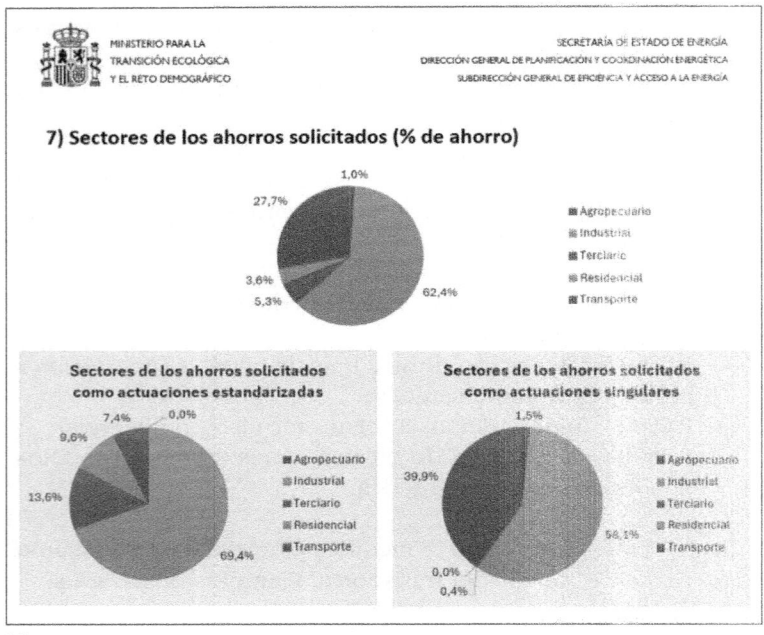

35

Dentro de este esquema de actuaciones y certificaciones es necesario entender quiénes son los agentes del sistema y que papel desempeña cada uno de ellos. En primer lugar, tenemos en cuenta que los propietarios de los ahorros energéticos que serán personas físicas o jurídicas que invierten en actuaciones que los generan según los criterios recogidos en la Directiva, concretadosn en unas fichas recogidas en el catálogo o bien en actuaciones singulares que deben ser verificadas. La letra f) del artículo 2 del Real Decreto lo define así: «El propietario del ahorro de energía es la persona física o jurídica de naturaleza pública o privada que, con su decisión, promueve y hace posi-

---

35. Los últimos datos publicados a fecha de cierre de este trabajo son a 31 de agosto de 2025. Disponible en https://www.miteco.gob.es/es/energia/eficiencia/cae.html

ble que se lleve a cabo la inversión de la actuación en eficiencia energética con la finalidad de obtener un ahorro de energía para sí mismo o para un tercero, o bien aquella persona física o jurídica a la que le ha sido cedido el ahorro generado por dicha actuación (Real Decreto 36/2023, de 24 de enero, artículo 2.f).

A partir del 15 de diciembre de 2024, en ningún caso podrá ser propietario del ahorro en el ámbito del Sistema de CAE un empresario o profesional sin establecimiento permanente en España».

La propiedad de los ahorros se puede ceder a un tercero a cambio de una contraprestación, siendo, por tanto, unos de los beneficiarios del sistema en la medida que monetizan el ahorro. Estarán obligados a facilitar a sujetos obligados y/o delegados o intermediarios la documentación necesaria para justificar la efectiva realización de la actuación.

En segundo, los sujetos obligados, de los que ya hemos hablado a lo largo del trabajo que son las empresas energéticas (comercializadoras de gas y electricidad y operadores al por mayor de productos petrolíferos y GLP) que están obligadas a conseguir una cantidad de ahorro energético al año y una parte de este se puede cumplir liquidando CAE (que generen ellas mismas o que consigan en el mercado).

Aparece también la figura del sujeto delegado, que se define en el Real Decreto como «*toda aquella persona jurídica de naturaleza pública o privada que pueda asumir, total o parcialmente, la delegación de la obtención de ahorros de energía de uno o varios sujetos obligados y que haya sido previamente acreditado como tal por el Coordinador Nacional del Sistema de CAE*». Podríamos decir que son empresas que pueden ayudar a los sujetos obligados a conseguir CAE, comprometiéndose con éstos a liquidar una cantidad determinada de CAE en su nombre cada año.

Unido a los anteriores, encontramos a los intermediarios que trabajan para el resto de los agentes, como por ejemplo empresas instaladoras o de ingeniería que son conocedores de actuaciones de eficiencia y los ponen en contacto con sujetos interesados en la compra de esos ahorros para obtener CAEs. Estos pueden ser tanto personas físicas como jurídicas y actúan como nexo de unión entre el propietario del ahorro y el sujetos obligado o delegado, facilitando la transmisión del ahorro de energía. Existen dos modalidades; aquellos que no tienen la propiedad del ahorro, actuando por tanto como facilitadores que se limitan a gestionar, coordinar o mediar en la operación. Y los que sí tienen la propiedad del ahorro, adquiriendo, por tanto, la titularidad del ahorro de energía final antes de su transmisión al sujeto obligado o delegado. En este último caso, sólo puede existir un único intermediario entre el propietario del ahorro original y el sujeto obligado o delegado, como explicaremos más adelante.

Tanto éstos, como los delegados son una especie de «bróker» de certificados. Hemos de tener en cuenta que el límite es que al menos se certifique un ahorro mínimo de energía de 30MWh/año, por lo que estos intermediarios pueden acumular distintas actuaciones de particulares distintos, siempre que se produzcan en la misma comunidad y año, para llegar al mínimo exigido para certificar. Por ejemplo, una venta de un número de electrodomésticos calificados como de alta eficiencia.

Por último, aparece otro grupo de agentes del sistema que velan por la eficacia de este. Así nos encontramos con el verificador, que será una entidad independiente que certifica los ahorros, y a través de la emisión de un dictamen, tanto en actuaciones estandarizadas como singularizadas, preceptivo para la emisión del CAE por el gestor autonómico[36]. Este último es

---

36. En un primer momento, el artículo 71 de la Ley 18/2014 establecía la gestión exclusiva de los CAEs por el Estado que fue impugnada ante el Tribunal Constitucional por la Generalidad de Cataluña que entendía que la gestión de los certificados de ahorro energético no respetaba el equilibrio competencial y desbordaba las competencias del Estado, ya que la Comunidad Autónoma tenía competencia para desarrollar y gestionar políticas energéticas de forma autónoma dentro de su territorio, y este artículo suponía la restricción de dicha capacidad. El TC en Sentencia 69/2018, de 21 de junio, declara la inconstitucionalidad de la norma, ya que la gestión exclusiva por parte del Estado de los mecanismos de ahorro energético afecta a las competencias autonómicas en el

el encargado de validar la solicitud para conceder el CAE y hacer la prescripción en el Registro Nacional de CAE. Es fundamental además reseñar que el art. 13 del Real Decreto 36/2023, de 24 de enero, establece un plazo de quince días para las actuaciones estandarizadas y de treinta para las singulares, siendo el sentido del silencio, en caso de incumplimiento, positivo. Por su parte, el coordinador nacional es el encargado del registro definitivo y de la regulación del sistema. Y, por último, está prevista la figura del inspector, dependiente del Ministerio para la Transición Ecológica y el Reto Demográfico, que las ejercerá a través de la Secretaría de Estado de Energía y que actuará de forma independiente.

Como puede comprobarse tras lo explicado, este esquema de funcionamiento genera dos mercados de ahorro; uno primario donde se genera la actuación por el particular o empresas y uno secundario en el que ya lo que se negocia son específicamente CAEs, toda vez que solamente podrán solicitar la emisión de CAE los sujetos obligados y los sujetos delegados, tras haber obtenido previamente un dictamen de verificación favorable emitido por un verificador de ahorro energético para la actuación o actuaciones correspondientes a la solicitud.

ámbito de la energía y eficiencia energética. Dicho pronunciamiento fue tenido en cuenta en la redacción de la ley 18/2022, de 28 de septiembre, de medidas urgentes para la transición energética y la protección de la economía. Esta ley derogó la Ley 18/2014 y estableció un nuevo marco normativo en materia de eficiencia energética, adaptado a las competencias autonómicas y a las exigencias del Tribunal Constitucional. Así, la Ley 18/2022 restablece el sistema de certificados de ahorro energético, pero con una gestión descentralizada que respeta las competencias de las comunidades autónomas, en línea con lo señalado por la jurisprudencia constitucional.

El esquema podríamos resumirlo de la siguiente forma:

Fte: Elaboración propia

Volviendo a la figura de los propietario de los ahorro y el nexo de unión con aquellos que den liquidar los CAEs,el propio MITECO, en relación con el cesionario, según las respuestas a preguntas frecuentes sobre si es posible que haya algún intermediario entre el propietario inicial del ahorro y el sujeto obligado o delegado que solicita la emisión de CAE, se indica que: «Sí, se permite que entre el propietario original del ahorro y el sujeto obligado o delegado haya algún intermediario (por ejemplo, la empresa instaladora) que obtenga la titularidad de los ahorros del anterior propietario y se la transfiera al sujeto obligado o delegado, garantizando en todo momento que el propietario inicial del ahorro recibe la necesaria contraprestación, así como la trazabilidad entre las partes, mediante la firma de uno o sucesivos contratos privados de cesión de ahorros energéticos». Por tanto, será necesario que el mismo se formalice a través de alguna forma jurídica.

Por tanto, la relación entre el propietario de esos ahorros energéticos con el sujeto obligado o intermediario será a través de la firma de un convenio CAE o de un contrato privado de cesión de ahorro en función de que lo haga el sujeto delegado u obligado o bien el intermediario. Ahora bien, se exige que cuando se presente una solicitud de emisión de CAE en la que haya habido algún intermediario, se adjunten todos los contratos privados de cesión y el convenio CAE a la solicitud, de forma que quede garantizada la trazabilidad de la titularidad de los ahorros y de la contraprestación al propietario original. Además, desde fecha 15 de diciembre de 2024 se limita, como máximo, a un intermediario entre el propietario original del ahorro y el sujeto obligado o delegado solicitante de la emisión de los CAE. Es decir, en el caso de aquellos agentes que hayan adquirido la titularidad del ahorro directamente de su propietario original mediante un contrato privado de cesión de ahorros, únicamente podrán vendérselo a un sujeto obligado o delegado mediante un convenio CAE, y dicho sujeto deberá ser quien solicite la emisión de los CAE correspondientes. Limitándose sobre manera el mercado primario.

Como decíamos al principio es un sistema en el que «todos ganan», el propietario que recibe financiación para su actuación, el obligado que puede aportar certificados que habrá pagado a menor importe que la equivalencia financiera, el Estado porque conoce y llega a actuaciones que de otra manera no hubiera podido conocer y así cumple con los compromisos adquiridos con Europa, y, por último las empresas del sector que ofrecen asesoramiento, o menor coste de algunas actuaciones gracias a la recuperación económica que se obtiene con la certificación de la actuación.

4. ASPECTOS FISCALES DE LOS CERTIFICADOS DE AHORRO ENERGÉTICO.

La fiscalidad de los CAEs puede plantear distintos interrogantes, tanto para quienes reciben cuantías económicas por la generación del ahorro como para quienes comercializan con CAEs como sujetos delegados, obligados o con funciones de intermediación.

Desde este punto de vista fiscal hemos de tener en cuenta las categorías tributarias que nos encontramos en función del rendimiento que generan. Para el particular promotor de la inversión y propietario inicial del ahorro cuando lo vende, para sujeto delegado, que negocia con los CAE y los vende como bien mueble negociable, y para el intermediador, promotor de este tipo de actuaciones, que media para que las mismas sean susceptibles de la obtención de un CAE por el sujeto obligado o delegado.

a. Tributación de las cantidades recibidas por los generadores de ahorros. Impuesto sobre la Renta de las Personas Físicas e Impuesto sobre Sociedades.

En este punto debemos partir de su configuración jurídica. Según la normativa vigente, los CAE se consideran bienes muebles y, como tales, están sujetos al régimen tributario general.

Desde el punto de vista de los particulares, sujetos persona física, a quienes se les compra el ahorro energético por parte del sujeto delegado u obligado o intermediario, es necesario analizar la posible tributación del importe recibido por la «venta» de las actuaciones que generan el ahorro en el Impuesto sobre la Renta de las Personas Físicas (en adelante IRPF). Para ello debemos partir de la naturaleza de la contraprestación que se recibe ya sea a través de la firma de un convenio o de un contrato. Como ya mencionamos en otro lugar[37], esta se establece para compensar parte de la inversión ya realizada que, por otro lado, va a monetizar un ahorro destinado al cumplimiento de los objetivos asumidos por España en este ámbito. Desde ese punto de vista, no puede considerarse como una subvención o ingreso pues lo que realmente consigue es un menor coste para el sujeto pasivo. Atendiendo a ello, consideramos que pudiera ser un supuesto de no sujeción y, por tanto, no tributaria por este impuesto. Sin embargo, también podría argumentarse que se trata de una obtención de renta por persona física sujeta, en cuyo caso, entenderíamos que el importe

---

37. BERTRÁN GIRÓNM, M. «Los certificados de ahorro energético como mecanismo de financiación en la rehabilitación de inmuebles y su tratamiento fiscal» en PATÓN GARCÍA, G. (dir) Fiscalidad *y economía circular: Sectores estratégicos de vivienda y transporte,* 2024, ISBN 978-84-10174-27-6, pág. 154.

que recibe por la citada actuación será una ganancia patrimonial por incorporación del art. 33 LIRPF: «Son ganancias y pérdidas patrimoniales las variaciones en el valor del patrimonio del contribuyente que se pongan de manifiesto con ocasión de cualquier alteración en la composición de aquél, salvo que por esta Ley se califiquen como rendimientos», la misma debería, en ese caso, valorase conforme al importe de la prestación y se integrará en la base imponible general ya que entendemos que en ningún caso estaría dentro de los componentes de renta del ahorro configurados en la ley. De ser así, quizá debiera regularse la exención de la contraprestación de tal forma que el importe recibido por el certificado sirva al particular para financiar realmente la inversión previamente realizada en línea con el objetivo de la norma de promocionar e impulsar las actuaciones de ahorro por los particulares.

Ahora bien, esta propuesta de exención puede generar cierta duda en relación con su compatibilidad con las medidas existentes en el Impuesto para el fomento de la eficiencia energética reguladas en la «Ley 10/2022, de 14 de junio, de medidas urgentes para impulsar la actividad de rehabilitación edificatoria en el contexto del Plan de Recuperación, Transformación y Resiliencia (PRTR)[38]». Si optamos por entender que las presta-

---

38. Establece la deducción en el Impuesto sobre la Renta de las Personas Físicas (IRPF) por obras de mejora de la eficiencia energética en viviendas realizadas hasta el 31 de diciembre de 2022(ampliado posteriormente hasta el 31 de diciembre de 2024 para las dos primeras y el 31 de diciembre de 2025 para la última), para los siguientes casos: (Disposición adicional quincuagésima. Deducción por obras de mejora de la eficiencia energética de viviendas).

— Deducción del 20% por las cantidades satisfechas en aquellas actuaciones que reduzcan un 7% la demanda de calefacción y refrigeración en vivienda habitual, hasta un máximo de 5.000 euros por vivienda.

— Deducción del 40% por actuaciones que reduzcan un 30% el consumo de energía primaria no renovable, o por actuaciones que alcancen las letras «A» o «B» en el Certificado de Eficiencia Energética del Edificio de la vivienda habitual, hasta un máximo de 7.500 euros por vivienda.

— Deducción del 60% por actuaciones que reduzcan un 30% el consumo de energía primaria no renovable, o por actuaciones que alcancen las letras «A» o

ciones de los CAEs no están sujetas, como hemos mantenido como primera opción, al no ser una renta sino un menor gasto de la actuación que se realiza, creemos que la aplicación de las deducciones no plantearía ningún problema.

Si entendemos que se trata de una renta sujeta y abogamos por su exención, podría plantearse la duda de qué importe computar para la aplicación de la base de la deducción, si el coste o el efectivamente satisfecho una vez descontado el importe recibido por la actuación (vía CAE o contrato privado), como se regula en el caso de percibir alguna subvención para estas actuaciones. Sin embargo, a nuestro juicio, esta opción no tiene sentido desde varios puntos de vista. Técnicamente porque como la actuación puede certificarse hasta con tres años de margen contados desde la fecha en la que finalizó la ejecución de la actuación generadora del ahorro de energía (momento en el que se empieza a generar el ahorro), o bien, como tope, hasta el 31 de diciembre de 2030 (inclusive), implicaría tener que hacer una autoliquidación complementaria en muchos de los casos, siendo cuando menos un mecanismo desincentivador de su uso. En esta línea, nuestro segundo argumento es puramente de política fiscal. Si sabemos que los CAES son compatibles con las subvenciones más importantes para el sector[39], ¿qué sentido tendría hacerle tributar por la contrapresta-

---

«B» en la calificación energética en edificios residenciales, hasta un máximo de 15.000 euros por vivienda.

39. La Ley 10/2022 establece que NO se integrarán en la base imponible del IRPF, entre otras, las siguientes líneas de ayudas concedidas en el marco del Plan de Recuperación, Transformación y Resiliencia (PRTR):

Real Decreto 477/2021, de 29 de junio, por el que se aprueba la concesión directa a las comunidades autónomas y a las ciudades de Ceuta y Melilla de ayudas para la ejecución de diversos programas de incentivos ligados al autoconsumo y al almacenamiento, con fuentes de energía renovable, así como a la implantación de sistemas términos de energías renovables en el sector residencial.

Real Decreto 691/2021, de 3 de agosto, por el que se regulan las subvenciones a otorgar a actuaciones de rehabilitación energética en edificios existentes, en ejecución del Programa de rehabilitación energética para edificios existentes en municipios de reto demográfico (Programa PREE 5000).

ción que reciben de un tercero? Creemos que como parte de incentivación de este mecanismo debiera aprobarse tanto su exención (si no se admite la no sujeción) como su compatibilidad con las deducciones existentes.

Tal y como hemos reflejado con anterioridad uno de los sectores prioritarios en la promoción de la eficiencia energética es el residencial, sin embargo, los datos demuestran que el sistema CAE no está llegando al mismo. A nadie se nos escapa que muchas de las actuaciones en este nivel, además de las que podrían llevarse en el sector público, son realizadas por los particulares personas físicas. Por ello, consideramos que entre las medidas de fomento podría estar la regulación de la exención de estos importes haciendo así más atractivo al particular el acceso al sistema.

Si el propietario del ahorro energético es una empresa constituida como sociedad y por tanto sujeto pasivo del Impuesto sobre Sociedades, el importe recibido entrará a formar parte de sus ingresos que luego deberá declararse junto con el resto siguiendo las normas del impuesto. En este ámbito la duda se nos plantea en el criterio de contabilización del ingreso que se recibe por el CAE a efectos del Impuesto. La reciente consulta 1 (BOICAC Nº 143/2025) considera que «teniendo en cuenta que la contraprestación recibida con la firma del convenio CAE sirve para financiar, total o parcialmente, la inversión realizada, el criterio de imputación a resultados de la subvención se establecerá, con carácter general, en proporción a la dotación a la amortización efectuada en cada periodo para la citada inversión». Fiscalmente, es cierto que nos encontramos ante un ingreso que se efectúa en un determinado momento lo que nos podría llevar a apuntar su imputación temporal en el mismo, ya que, las fichas del catálogo contemplan los ahorros de forma anual y puntual. Sin embargo, el modelo de convenio CAE con-

---

Real Decreto 737/2020, de 4 de agosto, por el que se regula el programa de ayudas para actuaciones de rehabilitación energética en edificios existentes (Programa PREE).

templa la obligación de mantenimiento activo por el cedente y cesionario, durante la vida útil de la actuación. Además, como mencionábamos anteriormente, las actuaciones pueden ser de hasta tres años antes, añadiendo más complejidad al sistema. En consecuencia, y en consonancia con los criterios contables, creemos que deberá diferirse la tributación teniendo en cuenta la vida útil de la actuación realizada y no atendiendo al criterio del momento del cobro de la venta de los ahorros generados. Si bien, la normativa no dice nada al respecto, una interpretación de esta, teniendo en cuenta el criterio establecido para la imputación de las subvenciones capital, con las que podría entenderse cierta similitud, nos llevaría, sin duda a esta conclusión. A nuestro entender, los ingresos obtenidos por los citados ahorros se deben imputar a resultados de forma proporcional a la amortización de los activos financiados, coincidiendo con el criterio contable ya mencionado. Aun así no estaría de más, que lo recogiese de esta forma la propia norma del Impuesto o bien que se plantease alguna consulta tributaria sobre el particular por los agentes implicados.

Otra opción, en el marco de incentivación del uso de estos certificados, sería plantearnos declarar su exención en el propio Impuesto. Ahora bien, entendemos que teniendo en cuenta que las inversiones pasan a ser activo de la empresa y que las amortizaciones se realizan sobre el coste efectivo, no parece tener aquí el sentido que sí lo tiene para los particulares, no empresarios, en el IRPF. En este último caso el particular, no empresario, realiza un gasto en su vivienda, por ejemplo, que no puede deducir, ni amortizar y lo que percibe por el ahorro generado tributa a un tipo progresivo. En el IS este tipo de rentas deben tener el mismo tratamiento que las subvenciones de capital, en la línea de lo ya manifestado.

Además, si se quiere incentivar este tipo de actuaciones de Eficiencia Energética, no estaría de más en el Impuesto sobre Sociedades la utilización del mecanismo de deducción para mejoras de eficiencia energética que quizá puedan limitarse a determinados tipos de contribuyentes (PYMES) en función del volumen de ingresos u otros incentivos fiscales como el establecimiento de la libertad de amortización en inversiones que utilicen energía procedente de fuentes renovables que solo estuvo en vigor en los años 2013 y 2024[40].

Relacionado también con el IS entendemos, sin mayor problema, que los importes que pagan los sujetos obligados por la liquidación de los CAEs son gastos deducibles en el momento en que se efectúa la compra. No habrá ninguna particularidad a este respecto.

Por tanto, la única particularidad que creemos que debiera recogerse por la norma es la declaración de rentas exentas en el IRPF. La justificación se nos plantea evidente; si atendemos a la naturaleza jurídica de la prestación serán importes que ayudan a financiar el gasto de la misma manera que lo pueden hacer las subvenciones exentas del Plan de Recuperación, Transformación y Resiliencia (PRTR), con lo cual una unidad de criterio exige tal tratamiento. Además, el objetivo de estos es el cumplimiento de los compromisos de ahorro establecido en la DEE donde específicamente se compele a los Gobiernos a incentivar dichas actuaciones con distintos tipos de medidas, entre ellas las fiscales. Por tanto, podría convertirse a su vez en una medida que busca el fomento de realización de estas actuaciones en un sector, el residencial, donde ese fomento, como se ha explicado, es más que necesario. Además, la exención puede configurarse con obligación de declaración de tal forma que se aportaran datos sobre las personas que pagan al generador de ahorro, obteniendo así información óptima para el control tributario. Complementario a lo anterior y en cumplimiento de la DEE podría pensarse en la regulación explícita del criterio de imputación de los ingresos obtenidos por la venta de ahorros, así como el establecimiento de algún tipo de deducción en el IS en la línea expuesta anteriormente.

---

40. El Real Decreto-ley 9/2024, de 23 de diciembre, lo quiso ampliar al año 202, pero el mismo no fue convalidado y por tanto, derogado por la Resolución de 22 de enero de 2025

Respecto a los importes que se perciben de la comercialización de estos bienes muebles por los empresarios ya sean sujetos delegados, obligados o intermediarios, dependerá de la configuración de estos como persona física, tributando como actividad económica en IRPF o bien, como persona jurídica, en el impuesto sobre Sociedades por sus labores de intermediación y comercialización del derecho a esa certificación. Entendemos que, en este punto, no existe ninguna particularidad fiscal.

b. Régimen fiscal de las transmisiones de los ahorros o certificados. Aspectos problemáticos en el marco del IVA. Su interacción con el ITP.

Desde el punto de vista de la imposición indirecta hemos de analizar las distintas relaciones entre particulares y empresas con intermediaros o sujetos obligados o delegados y estudiar, según los casos, su tributación por el Impuesto sobre el Valor Añadido (en adelante, IVA) o bien el Impuesto sobre Transmisiones Patrimoniales y Actos Jurídicos Documentados (en adelante ITP-AJD).

En relación con el primero de ellos, el IVA debemos partir la sujeción de las distintas actuaciones que nos podemos encontrar en el marco de los CAEs. Por lo que se refiere a las cesiones de ahorros para ser certificados, tal y como recoge la Consulta Vinculante de la DGT V0076-25, de 3 de febrero de 2025, «debe recordarse que tales cesiones de ahorro energético se realizan en virtud de convenios CAE entre el propietario y el cesionario. Dicho propietario puede ser quien realizó la actuación de eficiencia energética que generó el ahorro energético (propietario original) o un intermediario que lo haya adquirido del propietario original. En este sentido, desde el 15 de diciembre de 2024 no puede ser propietario del ahorro un empresario o profesional cuya sede no radique en España sin disponer de establecimiento permanente en dicho territorio», pero para que se dé la sujeción al impuesto será necesario que el cedente tenga la condición de empresario o profesional y que la cesión se realice en el ejercicio de una actividad empresarial o profesional a efectos del Impuesto.

Por el contrario, la cesión del ahorro energético en virtud de un convenio CAE no estará sujeta al Impuesto cuando el cedente no sea un empresario o profesional o cuando, siéndolo, no haya realizado la inversión de eficiencia energética para afectarla a su actividad empresarial o profesional, ni haya adquirido el ahorro en el marco de una actividad empresarial o profesional de intermediación, sin perjuicio de su posible sujeción al Impuesto sobre Transmisiones Patrimoniales.

Por tanto, siempre que se cumpla la condición en cuanto al sujeto pasivo realizado en la actividad se devengará IVA. En este punto debe tenerse en cuenta la regulación específica en el ámbito de los entes públicos, quienes no solo pueden, sino que están llamados a ello, ser propietarios de ahorros provenientes de actuaciones de eficiencia energética. Por tanto, habrá que atender a la regulación específica en el art. 5 y los supuestos de no sujeción del art 7 de la LIVA. En estos casos de cesiones de ahorro se trata de la transmisión de un derecho, por lo que tendrá la condición de prestación de servicios.

Otra de las operaciones que nos encontramos en este ámbito es la transmisión de CAEs entre sujetos obligados y delegados. Según la normativa, los CAE tienen la consideración de bienes muebles, su venta por los sujetos delegados estará sujeta. Según la citada consulta «la transmisión de los CAE se configura como la transmisión de una licencia administrativa que habilita a su titular a reducir la contribución al Fondo Nacional de Eficiencia Energética por la consecución de ahorro energético acreditado mediante dicho CAE. En consecuencia, constituye una prestación de servicios que se encontrará sujeta al Impuesto sobre el Valor Añadido cuando se entienda realizada en el territorio de aplicación del Impuesto».

Por su parte, los suplidos que constituirían los servicios de consultoría, gestoría o delegación a cargo del sujeto obligado, también estaría sujetos como prestación de servicios al Impuesto. En estos casos, las cantidades satisfechas por el sujeto delegado en nombre y por cuenta del sujeto obligado no formarán parte de la base imponible de las operaciones efectuadas por el sujeto delegado a favor del sujeto obligado por las que debe repercutirse el impuesto y se hará de manera independiente.

Por último, en cuanto a la sujeción al Impuesto sobre el Valor Añadido de la liquidación de los CAE para minorar la obligación de contribución al Fondo Nacional de Eficiencia Energética, la DGT ha considerado que «que la liquidación de los CAE no supone la realización de una prestación de servicios a título oneroso». Y ello, porque entiende que los CAE pueden ser utilizados para acreditar una determinada cantidad de ahorro de energía mediante su liquidación. Dicha liquidación supone el ejercicio del derecho de su titular para minorar la obligación de contribución al Fondo Nacional de Eficiencia Energética y, por ello, la extinción del derecho. Y, en este sentido, el CAE se extingue cuando su titular lo utiliza para cumplir con sus obligaciones de contribuir al Fondo, obligación que se verá minorada con la correspondiente liquidación del CAE, sin que se pueda entender que de esta operación se derive operación alguna sujeta al Impuesto.

La base en todos los casos la constituirá el importe total de la contraprestación de las operaciones sujetas al mismo procedente del destinatario o de terceras personas (art 78 LIVA)

En el caso de que los sujetos obligados articulen la contraprestación de los CAE vía descuento en factura de la electricidad del particular que realizó la actuación que ha obtenido el certificado, entendemos que no podrá reducir la base imponible del IVA, ya que no puede considerarse un descuento vinculado al precio, sino una remuneración por otro tipo de operación. (art. 78. Tres. LIVA).

El tipo de gravamen será el general, es decir el 21%. Lógicamente, aquellos sujetos obligados o delegados que soporten IVA en la obtención de los CAEs o de ahorros susceptibles de generarlos por empresarios o profesionales, podrán deducirse el mismo, al formar parte de los costes directamente vinculados con su actividad económica. Igualmente ocurrirá con los intermediarios cuando compren actuaciones que devenguen

IVA, es decir, realizadas por empresarios en el ámbito de su actividad. La deducibilidad de las cuotas ha sido planteada en la Consulta citada en el sentido de que el sujeto obligado, ha soportado las cuotas repercutidas por tales servicios con la finalidad de realizar operaciones no sujetas consistentes en la liquidación de los CAE y, por tanto, no están destinados a realizar entregas de bienes o prestaciones de servicios sujetas y no exentas. Sin embargo, la DGT haciéndose eco de la Jurisprudencia del TJUE en varios asuntos, sentencias de 14 de septiembre de 2017, asunto C-132/16, y de 3 de julio de 2019, asunto C 316/18, *The Chancellor, Masters and Scholars of the University of Cambridge*, considera que las cuotas del Impuesto sobre el Valor Añadido soportadas por los sujetos obligados en la adquisición de bienes y servicios para la obtención del CAE se derivan de operaciones que tienen una relación directa e inmediata con la actividad empresarial y profesional sujeta al Impuesto efectuada por los mismos y, por tanto, podrán ser objeto de deducción en los términos y cumplidos los requisitos establecidos en el Capítulo I del Título VIII de la Ley 37/1992.

Por su parte respecto a los particulares propietarios de ahorros, que no tributarán por IVA, podemos plantearnos sus implicaciones en materia del Impuesto sobre Transmisiones Patrimoniales y Actos Jurídicos Documentados (en adelante ITP-AJD), en modalidad de Transmisiones Patrimoniales (en adelante TPO). En la medida que se vende un derecho de ahorro, calificado como bien mueble, a través de un Convenio o contrato privado, podemos considerar dicha operación sujeta al tipo establecido en la norma, el 4%, salvo que la Comunidad Autónoma haya establecido otro (art.11.a) LITP-AJD)[41]. En la

---

41. En el mismo sentido CV 0076-25 «cuando la operación no quede sujeta al Impuesto sobre el Valor Añadido, como sería el caso de las cesiones de ahorro de energía realizadas por un propietario de energía final a un sujeto obligado cuando el transmitente no tenga la condición de empresario o profesional, quedará sujeta al ITPAJD por la modalidad de transmisiones patrimoniales onerosas, al tipo de gravamen de los bienes muebles».

misma línea expuesta para el IRPF quizá debiera plantearse la posible exención de dicha contraprestación en aras al fomento de la generación de ahorros por estos que, además, como se ha mantenido, se suele dar en el sector residencial donde un impulso a través de medidas fiscales es más que recomendable. Para ello, al tratarse de un impuesto cedido con competencias normativas a las CCAA, o bien se modifica la ley estatal, sin perjuicio, del desarrollo que cada Comunidad pueda hacer en el marco de sus competencias reguladas en la ley 22/2009, o bien es cada una de ellas la que debiera tomar la iniciativa sobre al particular estableciendo un tipo 0% para los bienes muebles donde el adquirente tenga su residencia habitual si es persona física o su domicilio fiscal si es persona jurídica[42].

Ahora bien, el problema que aquí puede plantearse, especialmente en relación con el IVA, es la posibilidad de realizar un uso fraudulento en el mercado de ahorros, interponiendo sociedades que se puedan deducir cuota de IVA soportadas y que no ingresen las cuotas devengadas correspondientes y desaparezcan generando una especie de fraude carrusel. Para poder entender este riesgo hemos de retomar la existencia de la concurrencia de dos mercados, el primario y secundario, y de los distintos agentes del sistema[43]. El mercado secundario no plantea ningún problema de este tipo pues el objeto de compraventa son los propios CAEs (recordemos valores muebles por tanto entrega de bienes a efectos de IVA) ya verificados por los organismos competentes, por tanto, registrados, y donde además solo pueden intervenir sujetos delegados u obligados, que se encuentran identificados. La cuestión puede surgir en el mercado primario donde las actuaciones generadoras de ahorro se pueden ir vendiendo entre distintos intermediarios,

---

42. La Ley 22/2009, de 18 de diciembre, por la que se regula el sistema de financiación de las Comunidades Autónomas de régimen común y Ciudades con Estatuto de Autonomía y se modifican determinadas normas tributarias, en su art.49 recoge las competencias normativas en cuanto al citado impuesto entre las que se encuentran los tipos de gravamen o bien la deducción o bonificación.

43. Vid cuadro pág. 23 de este trabajo.

hasta que acaben llegando a un sujeto delegado u obligado que lo formalice vía convenio. Estaríamos ante un mercado abierto, con libertad de precio y negociación por intermediarios y en el que no existe una verificación... Un mercado de prestación de servicios a efectos de IVA en el que podría plantearse la necesidad de un mecanismo de control tributario. Ante las posibles propuestas nos encontrábamos varias opciones; o el establecimiento de algún mecanismo de registro en el mercado primario, en este sentido, una propuesta puede ser, así como existe en materia aduanera el Operador Económico Autorizado[44], se podría haber creador un registro de intermediarios autorizados junto con una obligación de información de ahorros adquiridos trimestralmente con otros intermediarios (segundas y ulteriores transacciones) y con los generadores del ahorro inicial. Este registro si además se une a la obligación de particulares y/o empresas de declarar dicho pago para obtener la exención en IRPF se obtendría un mayor control. Dado el nivel de informatización de nuestra Administración Tributaria debiera ser un procedimiento sencillo, ágil y seguro que permitiera un control del mercado sin generar demasiada carga en los agentes del sector. Otra vía es ya conocida y aplicada en muchos bienes muebles. Esto es instrumentar la imputación en base imponible como rendimiento del capital mobiliario sujeto a retención y neutralización mediante deducción en cuota líquida. Esto obligaría a ingresar retenciones e identificar desde el origen a los beneficiarios. Y una tercera que sería, limitar el número de transacciones, lo cual, a pesar de haber sido opción elegida por el legislador, lo consideramos inadecuado ya que puede suponer un lastre para las empresas del sector y una evidente limitación de un mercado que es y debe ser libre. Una

---

44. Es una empresa involucrada en el comercio internacional que ha sido reconocida por las autoridades aduaneras como segura y fiable. Este reconocimiento se basa en la demostración de cumplimiento de ciertos estándares de seguridad y cumplimiento normativo en toda su cadena de suministro. Las empresas OEA obtienen beneficios como la simplificación de trámites y la reducción de controles aduaneros.

limitación de este tipo muy probablemente sería además contraria al Derecho de la Unión.

En efecto, la solución ha sido justo la que nosotros hemos considerado menos adecuada, y como ya se ha mencionado al explicar el sistema se ha optado por establecer que los Convenios CAE firmados a partir de fecha 15 de diciembre de 2024 garantizarán que, como máximo, haya habido un intermediario entre el propietario original del ahorro y el sujeto obligado o delegado solicitante de la emisión de los CAE. Antes de esta fecha existía la obligación de que el convenio recogiera todos los contratos privados de cesión y el convenio CAE a la solicitud, de forma que quede garantizada la trazabilidad de la titularidad de los ahorros y de la contraprestación al propietario original. Creemos que esta solución unida a las propuestas mencionadas en el párrafo anterior bien sea el mecanismo de registro o bien el de retención, hubiera sido mucho más acertada que la opción elegida de limitar el mercado a una única transacción por intermediario. Sin duda, si bien esta medida consigue controlar un posible «mercado negro» de ahorros a efectos fiscales, por el otro lado, lastra mucho las posibilidades de negocio sobre los mismos de las empresas del sector y complica, aún más, el acceso de esos ahorros a ser certificados cuando no sean grandes cantidades. Si queremos que el sistema llegue al residencial, donde los particulares tienen mucho que aportar, quizá no sea la solución más adecuada.

Si existe este posible riesgo en el mercado primario, por su parte, en el mercado secundario ocurre justo lo contrario. Al ser un mercado cerrado conlleva un mejor control y comprobación de los ingresos que se obtengan tanto por empresas como particulares en este tipo de servicios prestados por el sector de eficiencia energética en el mercado secundario. En efecto, las fichas del catálogo incluyen entre la documentación obligatoria a presentar las facturas de la actuación realizada «que deben contener, como mínimo, los datos y requisitos exigidos por la Agencia Tributaria». Por tanto, en la línea ya iniciada hace años por la Administración, este tipo de requisito ayudará a que la prestación de esta clase de servicios actuaciones no forme parte de actividades opacas integrantes de la economía sumergida y el fraude. Por su parte la liquidación que se realiza al Fondo no está sujeta a IVA al no considerarse una actividad empresarial.

Ciertamente en materia de fiscalidad no se ha regulado nada en concreto sobre este nuevo sector de CAEs y creemos que sería necesario dedicarle alguna normativa específica en línea con lo expuesto anteriormente. Los aspectos fiscales relacionados con estos mecanismo son muy importantes y, sin duda, pueden constituir una medida más de impulso en el fomento del mercado de la venta de ahorros generados tanto por personas físicas como por jurídicas.

III.
CONCLUSIONES. VALORACIÓN DE LOS CAES EN LA ESTRATEGIA ESPAÑOLA DE AHORRO ENERGÉTICO

La eficiencia energética se configura como un pilar fundamental y estratégico en la política de sostenibilidad y transición ecológica tanto en la Unión Europea como en España. Frente al reto global del cambio climático y la necesidad imperiosa de reducción de emisiones de gases de efecto invernadero, la Unión Europea ha establecido objetivos ambiciosos, como el compromiso de reducción del 55% de emisiones para 2030 en comparación con los niveles de 1990, y la neutralidad climática para 2050. Estos objetivos marcan un camino ineludible hacia una economía baja en carbono que requiere mecanismos eficaces y sostenibles de ahorro energético a todos los niveles. En este contexto, la eficiencia energética se presenta no solo como la vía más rentable y limpia para mitigar la dependencia energética y la demanda creciente, sino también como un elemento esencial para garantizar la seguridad del suministro energético europeo y nacional. España, inmersa en el proceso de transposición y ajuste normativo alineado con las directrices comunitarias, ha adoptado un marco normativo robusto centrado en sistemas de obligaciones y certificación de ahorros energéticos, posicionando a los Certificados de Ahorro Energético (CAEs) como una herramienta clave en su estrategia de ahorro energético nacional.

Los sistemas Nacionales de Obligaciones, sin duda, desempeñan un papel fundamental en el fomento de la misma. En el caso del sistema español ha resultado fundamental la creación del fondo nacional, en primer lugar, y en segundo, recientemente, la posibilidad de aportar certificados de ahorros energéticos que permitan medir y valorar los ahorros de particulares y empresas.

Desde una perspectiva normativa, la Directiva 2012/27/UE sobre eficiencia energética marcó un antes y un después al establecer sistemas obligatorios para que los Estados miembros cumplieran objetivos específicos de ahorro energético, mediante la adopción de sistemas nacionales vinculantes. España, en cumplimiento de estas directrices, creó el Sistema Nacional de Obligaciones de Eficiencia Energética (SNOEE) a través del Real Decreto-ley 8/2014 y su posterior desarrollo normativo, que impone a los sujetos obligados del sector energético la responsabilidad de alcanzar ciertos objetivos mínimos anuales de ahorro de energía final. Este sistema ha sido complementado con la creación del Fondo Nacional de Eficiencia Energética (FNEE), gestionado por el IDAE, como instrumento para financiar actuaciones de eficiencia energética. A pesar de la eficacia inicial del fondo, la experiencia y las críticas sectoriales evidenciaron la necesidad de diversificar los mecanismos de cumplimiento para optimizar costes y resultados, lo que llevó a la introducción del sistema de Certificados de Ahorro Energético (CAE) a partir del año 2023.

La implementación de los CAEs representa un avance estratégico fundamental en la política española de eficiencia energética. Este sistema permite a los sujetos obligados cumplir con sus obligaciones mediante la acreditación y certificación de actuaciones de ahorro energético efectivamente realizadas, bien por ellos mismos o por terceros, certificando la reducción del consumo energético final mediante un instrumento oficial que tiene valor económico. La naturaleza negociable de estos certificados pretende dinamizar un mercado específico de ahorro energético, promoviendo la inversión privada en actuaciones de eficiencia y facilitando la movilización de recursos financieros hacia proyectos que generan ahorros tangibles y verificables. Esto constituye un mecanismo innovador y más eficiente en términos económicos, ya que ofrece mayores incentivos para la inversión directa en tecnologías y actuaciones eficientes, al tiempo que reduce el coste económico que los sujetos obligados tendrían que asumir al cumplir con sus obligaciones contribuyendo exclusivamente al fondo económico. El precio medio de los CAEs en el mercado, significativamente inferior a la equivalencia financiera establecida para la contribución directa al FNEE, refleja esta mayor eficiencia y atractivo económico. A nuestro entender, la importancia del sistema de CAEs radica en su capacidad para transformar el ahorro energético en un activo económico tangible, mediante la certificación y comercialización de reducciones reales y verificables del consumo final de energía. A diferencia de modelos anteriores basados exclusivamente en contribuciones económicas a un fondo estatal, el sistema CAE ofrece una vía alternativa y más flexible que incentiva la inversión directa por parte de los agentes económicos, genera un mercado dinámico y permite una distribución más eficiente de los recursos

Tras el estudio realizado queda claro que el sistema CAE, es bueno, y que podemos afirmar que «ganan todos». El Estado ya que conoce de la existencia de generación de ahorros por particulares y empresas, que de otra forma no podría llegar a saber, y, por tanto no podría acreditar de cara a los objetivo de cumplimiento de obligaciones asumido en la UE; para los sujetos obligados ya que la liquidación de obligaciones por esta vía les resulta más económica que la aportación dineraria al FNEE; para los particulares porque monetizan sus ahorros y financian parte de sus inversiones; para las empresas del sector ya que dinamiza el mismo, y para el medio ambiente, en general, porque fomenta en la ciudadanía que se acometan actuaciones más sostenibles.

La gobernanza del sistema CAE, basada en un catálogo oficial de actuaciones estandarizadas y procedimientos para evaluar proyectos singulares, contribuye a la transparencia y fiabilidad de la política de eficiencia energética española. La supervisión continua y los informes periódicos permiten evaluar el progreso y ajustes necesarios, evidenciando avances significativos en la generación de ahorros y en la participación de diversos sectores. No obstante, persisten desafíos como la necesidad de ampliar la implementación en sectores poco representados, concretamente el residencial, y la mejora en la difusión y capacitación técnica, pilares esenciales para maximizar la efectividad del sistema. En efecto, uno de los grandes retos es llegar a los particulares y con ellos al sector residencial donde su éxito está siendo muy limitado, al igual que en el sector de transportes. En el primero de ellos es necesario desarrollar o fomentar la figura de los agregadores de ahorro que aglutinen estos de distintas personas y, por tanto, tengan mayor capacidad para negociar el precio. Junto a ello sería necesario que la venta de ahorros fuera más fácil y automática y que se replanteara la limitación de una única transacción en el mercado primario.

Desde el punto de vista jurídico y fiscal, el análisis del sistema revela que las obligaciones de ahorro energético son prestaciones patrimoniales públicas no tributarias. La doctrina y la jurisprudencia del Tribunal Supremo español y del Tribunal de Justicia de la Unión Europea establecen que estas obligaciones buscan financiar medidas específicas de eficiencia energética y no la financiación general de gasto público, quedando por tanto fuera del ámbito tributario, las obligaciones de aportación. Ahora bien, en relación con los CAES, si consideramos necesario poner el foco en la fiscalidad como herramienta fundamental en el fomento de la eficiencia energética. Desde lo concreto en el tratamiento que se les da a las aportaciones que se reciben a través de los citados CAEs así como en el análisis de las distintas medidas que pueden establecer en figuras tributarias concretas.

En relación con este aspecto concreto de los CAEs, consideramos necesario que se declare exenta la prestación que se recibe por la generación del ahorro en el IRPF, de la misma manera, y en relación con la fiscalidad indirecta, debiera promoverse la exención en el ITP-AJD pues complica el sistema y no significa una gran recaudación. Igualmente, creemos que debiera aplicarse la imputación de los ingresos obtenidos por los CAEs de forma proporcional a la amortización de los activos financiados, y no estaría de más que así lo aclarara la norma. Por su parte, en relación con el IVA no creemos que fuera necesario, como se ha hecho, limitar las transacciones del mercado primario toda vez que existen medios y métodos ya diseñados por la administración tributaria para poder controlar la trazabilidad de las transacciones sin necesidad de acotar las posibilidades de mercado.

En nuestra opinión, la eficiencia energética, no debe ser un lujo al alcance de unos pocos, ya que en ese caso no podremos llegar al cumplimiento de los objetivos establecidos, por ello deben llevarse a cabo políticas públicas que pueden financiar determinado tipo de actuaciones. Ahora bien, en este sentido, no sólo es válido el mecanismo de subvención que se ha mantenido tradicionalmente, sino mecanismos distintos, realizar las actuaciones y recibir incentivos que le financien o ayuden a rentabilizar la inversión en un periodo no demasiado largo de tiempo. Por ello, creemos que el sistema CAE representa un paso firme hacia una economía baja en carbono, integrando en la práctica la eficiencia energética como un motor económico y ambiental. Su consolidación y perfeccionamiento continuos serán claves para asegurar que España avance decididamente en la transición energética, garantizando una mayor seguridad energética, competitividad y sostenibilidad a largo plazo. En este sentido, el diseño de políticas complementarias, la dotación de marcos regulatorios estables y la promoción de la cultura del ahorro energético entre todos los agentes serán factores determinantes para el éxito pleno del sistema CAE y la consecución de un modelo energético más justo, eficiente y resiliente. Para maximizar su impacto, será crucial continuar perfeccionando el marco normativo, especialmente en aspectos fiscales, expandir su alcance a sectores menos desarrollados como el residencial, y consolidar la gobernanza del sistema para garantizar su eficiencia, equidad y transparencia a largo plazo.

PARTE II

LOS PRECEDENTES EUROPEOS DE CERTIFICADOS DE AHORRO

(María García Caracuel)

I.

EL PRECEDENTE FRANCÉS DE LOS CERTIFICADOS DE AHORRO ENERGÉTICO: LE CERTIFICAT D'ÉCONOMIE D'ÉNERGIE (CEE)

1. EL DISPOSITIVO DE LOS CEE EN FRANCIA

i. Introducción: principios del régimen de los CEE

En Francia, el sistema de los certificados de ahorro energético, —*certificats d'économies d'énergie*, CEE—, constituye uno de los principales instrumentos de la política de gestión de la demanda de energía gestionado conjuntamente por los Ministerios de Planeamiento Territorial y Descentralización y de Transición Ecológica, Biodiversidad, Bosques, Mar y Pesca[45].

Con la finalidad de fomentar el control del consumo global de energía en Francia, la Ley 2055-781 de 13 de julio de 2005, por la que se fijan las orientaciones de la política energética (conocida como Ley POPE) creó un sistema de certificados de ahorro de energía en virtud del cual los vendedores de energía contemplados en el artículo L 221-1 del *Código de la Energía*, cuyas ventas anuales superen un determinado umbral, están sujetos a obligaciones de ahorro de energía durante un periodo determinado. El sistema tiene como objetivo lograr ahorros de energía en los sectores residencial, terciario, transporte, agri-

---

45. https://www.ecologie.gouv.fr/politiques-publiques/dispositif-certificats-deconomies-denergie

cultura, industria y redes. El régimen se basa en una obligación trienal de ahorro energético en CEE (1 CEE = 1 kilovatio-hora acumulado de energía final- kWh cumac -) impuesta por las autoridades a los proveedores de energía o comercializadoras («obligados»)[46]. Esto supone un incentivo para promover activamente la eficiencia energética entre los consumidores de energía[47].

Los Certificados son concedidos por los departamentos del Ministerio responsables de la energía y los elementos claves de este sistema son los agentes actuantes: los sujetos obligados, los *delegatarios* y los consumidores finales.

Los sujetos obligados

Para cumplir con sus obligaciones de ahorro de energía, los proveedores de energías fósiles —electricidad, gas, combustible, etc.— (denominados «sujetos obligados») deben llevar a cabo acciones de ahorro de energía ellos mismos o promover acciones eficaces de ahorro de energía entre los consumidores, incluidos los hogares con ingresos modestos en situación de pobreza energética, para quienes se prevén disposiciones especiales[48].

A cambio de estas acciones directas o indirectas, obtienen CEE tras presentar un expediente al PNCEE (centro nacional de CEE). Los obligados reciben un CAE por cada kWh cumac de ahorro de energía logrado a raíz de su incentivo[49]. Estos CEE

---

46. Fuente en la página sobre políticas públicas del Gobierno Francés.

47. https://www.ecologie.gouv.fr/sites/default/files/documents/Bilan%20annuel%20CEE%20P5%20-%202023-%20VPubli.pdf

48. La obligación de ahorro de energía constituye un pasivo cuando resulta probable o cierto que esta obligación dará lugar a una salida de recursos sin contrapartida al menos equivalente (Plan de Contabilidad General art. 616-5 nuevo).

49. El término «cumac» proviene de la contracción de «acumulado» y «actualizado», ya que los kWh ahorrados se acumulan durante la vida útil del producto y se actualizan, valorándose más el ahorro de energía logrado a corto plazo por ser más seguro. Por ejemplo, los kWh acumulados ahorrados tras la instalación de un electrodoméstico de alta eficiencia energética corresponden al aho-

deben devolverse al gobierno al final del periodo, para demostrar que se han cumplido las obligaciones de ahorro energético. Los obligados del sistema CEE son los actores sometidos a una obligación de ahorro de energía. Estos son: Suministradores de electricidad, gas, calor y frío cuyas ventas superan un umbral mínimo (por ejemplo: EDF, Engie, CPCU, etc.) y las comercializadores de carburantes y fuelóleo doméstico cuyas ventas superan un cierto umbral (compañías petroleras y empresas de gran distribución).

Partes «elegibles»:
El régimen también está abierto a otras partes (conocidas como partes «elegibles»), que pueden obtener CEE por sus operaciones de ahorro energético, pero que no tienen obligaciones. Por lo tanto, no tienen que devolver los CEE que han obtenido y pueden revenderlos a «sujetos obligados» (*C. de la Energía* art. L 221-7). Es decir, crean las condiciones para un mercado de intercambio directo de certificados. Estas reventas les permiten financiar sus obras. Entre las partes obligadas se encuentran las autoridades locales, La Agencia Nacional de la Vivienda (Anah), los arrendadores sociales, las sociedades de economía mixta (SEM) en la construcción o gestión de viviendas sociales o las SEM y sociedades públicas locales en eficiencia energética.

Délégataire - «Delegatarios»
Los sujetos obligados también pueden delegar sus obligaciones en «delegatarios»[50]. Un agente que comercializa varias

---

rro de energía anual acumulado durante la vida útil del producto. El ahorro de energía conseguido en cada año posterior al primero se descuenta dividiendo el ahorro del año anterior por 1,04 (tasa de descuento del 4%).

Las operaciones de ahorro de energía que conllevan un aumento de las emisiones de gases de efecto invernadero no pueden dar lugar a la emisión de CAE.

50. Esta figura es importante porque a partir de 2018 cobra protagonismo y se define su marco jurídico en el Decreto n° 2017-1848, de 29 de diciembre de 2017. Este Decreto obliga a los delegatarios a cumplir la normativa fiscal y de

energías tiene una obligación clásica, que es la suma, para todos los años civiles y todas las energías, de la cantidad mencionada en el artículo R. 221-2, que exceda el umbral mencionado en el artículo R. 221-3, multiplicada por el coeficiente definido en el artículo R.221-4; y una obligación de precariedad (determinada según el artículo R.221-4-1 del Código de Energía) que es igual a su obligación clásica multiplicada por un coeficiente fijo que se determina para cada periodo. El sujeto obligado puede delegar cada una de sus dos obligaciones (clásica/precariedad) a un tercero, siempre que la delegue en su totalidad o delegue como mínimo 1000 millones de kWh cumac (1TWh cumac). Cuando el volumen de la obligación en cuestión es inferior a 1000 millones de kWh cumac, sólo puede delegar la totalidad de la obligación. Cuando el volumen de la obligación en cuestión es superior a 1000 millones de kWh cumac, puede delegarla en su totalidad o delegar una parte de al menos 1000 millones de kWh cumac y conservar el resto.

La delegación de una obligación solo es válida para un único periodo y, en su caso, se renueva en cada periodo del sistema. El Ministerio de Transición energética aprueba y publica un listado de delegatarios que están certificados[51].

Consumidores finales

Por último, las empresas consumidoras de energía (denominadas «consumidores finales») también pueden llevar a cabo proyectos de ahorro energético que puedan acogerse al régimen CEE, pero no están autorizadas a presentar solicitudes con

---

seguridad social, a notificar los cambios en sus estatutos o en caso de apertura de un procedimiento de insolvencia, a cumplir un determinado nivel de obligaciones (150 millones de kWh cumac) o a obtener una certificación de calidad de sus actividades relacionadas con el CEE, y a acreditar la capacidad técnica y financiera necesaria para aplicar el régimen de los CEE.

51. Para el período vigente, el listado de delegatarios de obligaciones de economía de energía se encuentra publicado en el siguiente enlace:

ttps://www.ecologie.gouv.fr/sites/default/files/Liste%20des%20 d%C3%A9l%C3%A9gataires%20P5%20au%202024-02-23.pdf vistas a la obtención de CEE. No obstante, pueden facilitar a los «sujetos obligados» los documentos y la información necesarios para presentar una solicitud, a cambio de una aportación dineraria. El sistema funciona porque es el proveedor de energía el que promueve y financia acciones de ahorro energético, sobre varios sectores, mediante el pago de una ayuda en forma de prima (sectores: transporte, industria, terciario, agricultura, residencial y redes). Y, a cambio, los proveedores reciben certificados de ahorro energético correspondientes a las cantidades de energía ahorradas gracias a estas acciones.

Junto a este mecanismo, los sujetos obligados también tienen la opción de adquirir los CEE de otros sujetos que hayan llevado a cabo acciones de ahorro energético, en particular los sujetos elegibles que no estén obligados a ello. También pueden obtener certificados haciendo contribuciones económicas a programas de apoyo.

Las actuaciones de ahorro energético están registradas y normalizadas mediante decreto[52] y se clasifican por sectores (residencial, terciario, industrial, agrícola, transporte y redes)[53].

---

52. «Arrêté du 22 décembre 2014 définissant les opérations standardisées d'économies d'énergie» (Decreto del 22 de diciembre de 2014 que define las operaciones estandarizadas de ahorro energético). Este decreto ha sido y es actualizado y modificado regularmente por otros decretos sucesivos para incorporar nuevas fichas, modificar existentes o suprimir algunas. La última modificación que se ha aprobado queda recogida en «Arrêté du 19 mai 2025 modifiant l'arrêté du 22 décembre 2014» (Decreto del 19 de mayo de 2025 que modifica el decreto del 22 de diciembre de 2014).

53. Las fichas de operaciones estandarizadas se clasifican por sectores y determinan las cantidades fijas de ahorro de energía en kWh cumac y, por tanto, la cantidad de Certificados que genera cada operación descrita. Estas cantidades variarán en función de la zona climática en la que se realiza la operación. Igualmente recoge los requisitos necesarios para la emisión de los CEE. Además, la ficha se compone de la descripción de la operación normalizada, la declaración jurada que acompaña la solicitud del certificado. En la actualidad se describen 226 operaciones. Informe anual del Ministerio de Economía, Finanzas y la Soberanía Industrial y Numérica, *5eme Période des CEE. 2022-2025*. Año 2023. P. 33
https://www.ecologie.gouv.fr/sites/default/files/documents/Bilan%20annuel%20CEE%20P5%20-%202023-%20VPubli.pdf

Estas son las operaciones más frecuentes y se denominan operaciones normalizadas, frente a las operaciones específicas que proceden de ahorros de energía obtenidos al margen de las anteriores que son más innovadoras[54]. Las cantidades de ahorro de energía se definen en kilovatio-hora acumulado y los certificados emitidos para cada sujeto se inscriben exclusivamente en una cuenta individual abierta en el *Registre National des Certificats d'économie d'Énergie*. El registro también debe recoger todas las transacciones (ventas y compras) de certificados y proporcionar información pública periódica sobre el precio medio al que se negocian los certificados[55].

El establecimiento de estos certificados se realiza en el país vecino por períodos de tres o cuatro años, en los que se fijan objetivos nacionales de ahorro energético. Al final del periodo, los vendedores de energía obligados deben demostrar que han cumplido sus obligaciones mediante la posesión de una cantidad de certificados equivalente a sus obligaciones. Si no cumplen sus obligaciones, los vendedores obligados deben pagar una penalización liberatoria por cada kWhc que falte. Por su parte, el *Pôle National des Certificats d'´Economie d'Energie* (PNCEE), que depende de la Dirección General de Energía y Clima (DGEC) y tiene por misión principal el facilitar y regular el régimen CEE en Francia, efectúa controles para comprobar la admisibilidad de las operaciones que dan lugar a la expedición de CEE. En caso de incumplimiento, pueden imponerse sanciones[56].

---

54. Éstas se obtienen según un procedimiento individual *ad hoc* y la cantidad de CEE solicitados por la operación se calcula a partir de una situación de referencia definida según la naturaleza de la operación. Informe anual del Ministerio de Economía, Finanzas y la Soberanía Industrial y Numérica, *5eme Période des CEE. 2022-2025*. Año 2023. P. 35.

55. El registro puede consultarse en emmy.fr

56. *Arrêté du 30 septembre 2011 portant création du pôle national des certificats d'économies d'énergie* (Orden de 30 de septiembre de 2011 por la que se crea el centro nacional de certificados de ahorro energético).

«Artículo 1. Con la denominación de centro nacional de certificados de ahorro energético, se crea un departamento con competencia nacional, dependien-

En mayo de 2021, el Gobierno francés, representado por el Ministerio de Transición Ecológica, registró en el Instituto Nacional de Protección Industrial (INPI) la marca colectiva que hace referencia al régimen de certificados de ahorro energético (CEE). El objetivo de esta marca colectiva es mejorar la comunicación en torno al régimen y permitir al público en general identificarlo más claramente en el ecosistema del ahorro energético. Sin embargo, la marca no constituye en modo alguno una etiqueta o garantía de calidad ya que el propio distintivo no aporta ninguna particularidad especial en su regulación o aplicación sino más bien es la manera de dar publicidad al sistema.

ii. Breve historia de los cuatro periodos transcurridos del régimen CEE

El primer periodo, de carácter transitorio, se enmarcaba entre los años 2006 y 2010. En concreto, del 1 de julio de 2006 al 30 de junio de 2009 se fijó un objetivo nacional de ahorro

---

te del subdirector de eficiencia energética y calidad del aire de la Dirección General de Energía y Clima.

Artículo 2. El personal de la Unidad Nacional de Certificados de Ahorro Energético es responsable de la aplicación del régimen de certificados de ahorro energético y, en particular, de :

— el examen de las solicitudes de certificados de ahorro de energía;
— el examen de las solicitudes de aprobación de los planes de acción para el ahorro de energía;
— la expedición de los certificados de ahorro de energía;
— la aprobación de los planes de acción para el ahorro de energía;
— la realización de las operaciones de control;
— la constatación de las infracciones cometidas por los agentes comisionados y la imposición de las sanciones específicas a estas infracciones;
— gestionar y fijar las obligaciones individuales;
— reconciliación administrativa al final del periodo de tres años;
— comunicación e información sobre el régimen;
— informar a los prefectos y departamentos descentralizados sobre las acciones en sus territorios;
— archivar los documentos justificativos.»

energético de 54.000 millones de kilovatios hora acumulados (54 TWh acumulados) para los suministradores de energía. El origen de la energía ahorrada tiene, indudablemente, una trascendencia y el ahorro energético se reparte entre las distintas fuentes en función de su peso en el consumo nacional y del precio, impuestos incluidos —electricidad, gas, gas licuado de petróleo, gasóleo de calefacción, redes de calefacción y refrigeración—. A su vez, para cada fuente energética, el ahorro se reparte entre las comercializadoras en función del volumen de ventas a particulares y a las empresas del sector terciario durante los años 2004 a 2006. Las obligaciones individuales de ahorro de energía, el Ministerio de Energía las notifica a cada proveedor al principio del periodo (2006).

En cuanto al ámbito de los legitimados para solicitar certificados de ahorro energético, éste era muy amplio, más allá de los sujetos obligados, las autoridades y las personas jurídicas, también estaban autorizadas a realizar ahorros energéticos, siempre que éstos no entraran en el ámbito de su actividad económica principal y no les generaran ingresos directos.

El objetivo del primer periodo se superó ampliamente por encima de lo estipulado. Se certificaron hasta 63,8 TWh acumulados de operaciones normalizadas o estandarizadas y 1,5 TWh acumulados de operaciones específicas. Estos ahorros de energía se distribuyeron de la siguiente manera: 86,7% para el sector residencial, 4,3% para el sector terciario, 7,4% para la industria, 1,3% para las redes y 0,4% para el sector del transporte[57].

Gracias a los buenos resultados obtenidos en el primer periodo, la Ley núm. 2010-788, de 12 de julio de 2010 *portant engagement national pour l'environnement*[58], prorrogó el régimen desde el 1 de enero de 2011. Se inicia así un nuevo periodo de cuatro años, mucho más ambicioso, en el que la obligación de ahorro se incrementó hasta los 447 TWh acumulados.

---

57. https://www.ecologie.gouv.fr/politiques-publiques/dispositif-certificats-deconomies-denergie

58. Puede traducirse como Ley sobre el compromiso nacional con el medio ambiente.

En este periodo se busca obtener un mayor rendimiento al potencial que tiene el sector del transporte en un posible ahorro energético, motivo por el que la ley mencionada amplió las obligaciones de ahorro energético a los distribuidores de carburantes de automoción que superen un determinado umbral de ventas anuales. Otra de las novedades que aporta la ley es la incorporación entre los sujetos obligados de las autoridades públicas, la *Agence Nationale de l'Habitat,* los organismos del sector de la construcción mencionados en el artículo L 411-2 del *Code de la Construction et de l'Habitation* (Código de la Construcción y de la Vivienda) y las empresas semi públicas implicadas en la construcción o gestión de viviendas sociales.

Una vez más, el balance de este periodo, junto con el anterior inicial, es muy positivo. Desde el 1 de julio de 2006 hasta el 30 de diciembre de 2014, se emitieron 603,2 TWh, de modo que en el cómputo global se superaron los objetivos de ahorro de 501 TWh (54+447) a finales del año 2014[59].

---

59. Estos objetivos de ahorro energético se han visto reflejados en instalaciones repartidas en los diferentes sectores más importantes. En el Sector residencial destaca la sustitución de calderas, individuales y colectivas; se han instalado aparatos de calefacción de leña, bombas de calor; colectores solares para calentadores de agua en los departamentos franceses de ultramar; aislamiento en de viviendas —paredes y áticos o tejados—. También operaciones de ahorro de menor envergadura como la instalación de ventanas con vidrio aislante o la compra de lámparas LED de clase A+.

En el sector comercial las actuaciones más importantes consistieron en el aislamiento de tejados y el aislamiento de la red de calefacción. Por lo que se refiere a la industria, se han instalado 1,2 GW de potencia motriz equipada con variación electrónica de velocidad en motores asíncronos y 160.000 kW de potencia de compresores equipados con sistemas de recuperación de calor; en la industria agrícola, se ha invertido en la construcción de invernaderos equipados con sistemas de calefacción eficientes (acumuladores de agua caliente de tampón abierto) o bien, equipados con ordenadores climáticos.

En el sector del transporte, las principales operaciones para las que se han expedido CEE son el coche compartido, los vagones de autopista ferroviaria, los lubricantes de bajo consumo para vehículos ligeros y las unidades de transporte combinado ferrocarril-carretera.

Para una consulta detallada con cifras véase:

El tercer período de obligaciones de ahorro de energía se inicia el 1 de enero de 2014, en este caso por un periodo de tres años para el que se establece un objetivo de ahorro de 700 TWh que se reparte a partes iguales entre todas las comercializadoras de energía del país, lo que representan cerca de 2.000 millones de euros dedicados al ahorro energético por parte del sector. En este trienio cobra una especial importancia la Directiva 2012/27/UE, de 25 de octubre de 2012, relativa a la eficiencia energética y el objetivo fijado en el artículo 7 de lograr cada año hasta 2020 un ahorro de energía equivalente al 1,5% de los volúmenes medios anuales de energía vendida durante el período 2010-2012, puesto que Francia, como pionera en el establecimiento de los certificados de ahorro de energía manifestó la idoneidad de éstos para contribuir de forma significativa la concesión del mencionado objetivo.

En cada periodo establecido se mejora el sistema a la luz de las experiencias previas, en particular, en este tercer periodo de 2015-2017 se simplifica el sistema desde el punto de vista procedimental, introduciendo una normalización de documentos y un proceso declarativo de solicitud de certificados de ahorro energético, acompañado de un control a posteriori. También se ha trabajado en la transparencia del sistema, creando un comité directivo que favorece un diálogo permanente con las partes interesadas. En este trienio, además, las condiciones operativas del régimen se codifican en la parte reglamentaria del Código de la Energía (artículos R. 221-1 a R. 221-25 para el propio régimen CEE, R. 221-26 a R. 221-30 para el registro nacional CEE y artículos R. 222-1 a R. 222-12 para las sanciones administrativas y penales), y se desarrolla por las órdenes de 4 de septiembre de 2014 que establecen la lista de elementos de una solicitud de certificados de ahorro de energía y los documentos que debe presentar el solicitante y de 29

---

https://www.ecologie.gouv.fr/politiques-publiques/dispositif-certificats-de-conomies-denergie#historique-du-dispositif-des-cee-3

de diciembre de 2014 relativas a las condiciones de aplicación del régimen CEE. A mediados de 2015, en el marco jurídico de los certificados de ahorro energético, se incluye una nueva obligación de ahorro para los hogares en situación de pobreza energética mediante la *Loi de transition énergétique pour la croissance verte* (Ley n° 2015-992 de 17 de agosto de 2015, LTECV). Esta nueva obligación queda regulada en el artículo L.211-1-1 del *Code de l'Énergie* se aplica a partir del 1 de enero de 2016 y las principales medidas de este nuevo régimen de «pobreza energética» se resumen en las siguientes características: se establece una obligación global de 150 TWhcumac durante los dos últimos años del tercer periodo; el procedimiento establecido limita la carga administrativa de las partes interesadas y los departamentos gubernamentales; además se definen límites máximos de ingresos para identificar a los hogares en situación de pobreza energética; y, se establecen normas especiales de subvención para los proyectos que beneficien a los hogares con rentas más bajas.

En este tercer período, a partir de 2016, además de la obligación «tradicional», habrá otra que deberá cumplirse en beneficio de los hogares en situación de pobreza energética. Para cada año (2016 y 2017), esta obligación «pobreza energética» es igual a 0,321 veces la obligación «tradicional».

Por otro lado, se crea un sistema de delegación en el que una parte obligada puede, a partir de entonces, delegar la totalidad de su obligación para cada tipo de energía a un tercero; o delegar una o varias partes de ésta a uno o varios terceros, en cuyo caso cada delegación parcial deberá ser superior o igual a 5 TWh cumac para la obligación «convencional» o a 1 TWh cumac para la obligación «precariedad». Cada persona en la que se delega una obligación de ahorro de energía se considera a su vez parte obligada.

El cuarto período comenzó el 1 de enero de 2018, con una duración de tres años. Con una década de vigencia de los CEE, se plantea una consulta previa con las partes interesadas entre septiembre de 2016 hasta junio de 2017, con el objetivo de favorecer el cumplimiento de las obligaciones[60]. El resultado de tales debates se plasmó en el Decreto n. 2017-690 de 2 de mayo de 2017, publicado en el JO de 3 de mayo de 2017, por el que se modificaron las disposiciones de la parte reglamentaria del Código de la Energía. Establece el objetivo de ahorro de energía para el cuarto período del régimen CEE (2018-2020) en 1600 TWh acumulados, incluidos 400 TWh acumulados en beneficio de los hogares en situación de pobreza energética. El decreto define los métodos de cálculo de la obligación de ahorro energético impuesta a los proveedores de energía para este periodo. El volumen de la obligación depende del importe de las ventas anuales de los operadores a los sectores residencial-terciario y del transporte (umbrales idénticos a los del 3er periodo); la obligación de ahorro de energía durante el periodo es la suma de las obligaciones de ahorro de energía para cada

---

60. Como resultado de ésta, se llevaron a cabo una serie de reuniones consecutivas centradas en puntos concretos:

1. Garantizar el cumplimiento de las operaciones eliminando las deficiencias observadas durante las inspecciones de las operaciones de ahorro de energía y en las formas de mejorar el cumplimiento general de las operaciones de ahorro de energía para las que se emiten créditos CEE.

2. Mejorar el papel activo y de incentivo

3. Ahorro potencial de energía, programas de apoyo

4. La conveniencia de adaptar las normas de delegación, estudiar el caso específico del fuel doméstico y reflexionar sobre los métodos de fijación de las obligaciones para dar mayor visibilidad a los agentes implicados.

5. Registro Emmy y seguimiento cuantitativo.

El taller 5 permitió a los agentes del sistema debatir sobre la utilización del registro Emmy para preparar la próxima delegación de servicio público, así como sobre las modalidades de seguimiento cuantitativo del sistema por parte de los distintos agentes.

6. Pobreza energética e identificar cualquier cambio que pudiera ser necesario introducir en ciertos procedimientos. Dentro de este punto se trató de mejorar la transparencia y legibilidad del sistema para ayudar mejor a los hogares y facilitarles la comparación de las ofertas de los distintos proveedores de energía; así como, hacer el sistema más eficaz y sencillo.

https://www.ecologie.gouv.fr/politiques-publiques/dispositif-certificats-de-conomies-denergie#troisieme-periode-2015-2017-4 año natural del periodo[61]. A partir de este periodo se simplifica el periodo de validez de los certificados de ahorro energético y se fija en 10 años a partir de su expedición (Decreto nº 2017-1848, de 29 de diciembre de 2017).

Son numerosas las disposiciones aprobadas en este período, incluida la relativa a prórroga de este por un año adicional, hasta diciembre de 2021[62]. Y también, a partir de 2019, el *Conseil d'État* dicta resoluciones relevantes relativas a los CEE. En la decisión del 7 de junio de 2019, se pronuncia sobre la reducción del umbral para que las empresas que despachan a consumo combustibles distintos del GLP estén sujetas a obligaciones de ahorro de energía. En este cuarto período destaca la regulación de la delegación. Por el Decreto nº 2017-1848, de 29 de diciembre de 2017, se obliga a los delegatarios a cumplir la normativa fiscal y de seguridad social, a notificar los cambios en sus estatutos o en caso de apertura de un procedimiento de insolvencia, a cumplir un determinado nivel de obligaciones (150 millones de kWh cumac) o a obtener una certificación de calidad de sus actividades relacionadas con el CEE, y a acreditar la capacidad técnica y financiera necesaria para aplicar el régimen de los CEE[63].

---

61. El Decreto n.º 2017-1848, de 29 de diciembre de 2017, completó las disposiciones relativas a la definición de las obligaciones introducidas por el citado Decreto de 2 de mayo de 2017, que entró en vigor el 1 de enero de 2018. Este decreto organiza los procedimientos de instrucción, control y expedición de los certificados de ahorro de energía para el cuarto periodo.

62. Decreto n.º 2019-1320 del 9 de diciembre de 2019 relativo a los certificados de ahorro de energía y a la prórroga del cuarto período de obligación del régimen prorrogó un año la duración del cuarto período del régimen modificando el artículo R.221-1 del Código de la Energía sin modificar la tasa anual de obligación.

63. El marco jurídico de la delegación queda fijado en el cuarto periodo queda recogido en los artículos R.221-5, R.221-6 y R.221-6-1 del Código de Energía, establecen lo siguiente:

— aumentar el volumen mínimo de delegación parcial a 1 TWhc (R.221-5);
— reforzar los requisitos exigidos a los delegados (volumen mínimo de obligación - certificación de calidad: R.221-6);

En la actualidad, el período vigente es el quinto que se inició el 1 de enero de 2022. Al igual que en el anterior, a lo largo de todo el año previo a su inicio, el año 2021, se preparó la puesta a punto de este último que se centrará en las acciones que persigan un objetivo de descarbonización reforzada, uno social o que vayan acompañadas de garantías de rendimiento. Para el quinto período, Francia tiene un objetivo de ahorro de energía a nivel nacional equivalente a 3.100 TWh a través del sistema. De este total, 1.130 TWh están específicamente dedicados a los CAE de precariedad, lo que representa un poco más de un tercio del objetivo total, enfocado en ayudar a los hogares más vulnerables a mejorar su eficiencia energética[64]. Este periodo se ha caracterizado por un aumento de las ayudas CEE para los hogares en riesgo de exclusión energética.

Este periodo que finaliza este mismo año 2025, ha venido marcado por algunos hechos o acontecimientos relevantes. El más importante es la incertidumbre que ha vivido el sector energético, con repercusiones ligadas a los conflictos internacionales. Además, en 2023 se publicó la Directiva revisada de eficiencia energética, uno de los pilares de la estrategia europea para lograr una reducción del 55% de nuestras emisiones de CO_2 para 2030. El reparto de las obligaciones entre proveedores también se ha modificado, lo que ilustra la voluntad de descarbonización de Francia. Los proveedores de gas y gasóleo de calefacción han visto aumentar sus obligaciones en un 83%

— identificar los elementos que deben figurar en el contrato de delegación (R.221-6);
— completar el contenido de una solicitud de delegación (R. 221-6);
— precisar las obligaciones de información de los delegantes y del ministro responsable de la energía sobre cualquier modificación de los estatutos jurídicos y cualquier procedimiento colectivo que pueda afectar al delegado (R.221-6-1).
Estas modificaciones entraron en vigor el 1 de enero de 2018 para las nuevas solicitudes de delegación de obligaciones.

64. El Decreto que establece las modalidades de la quinta fase del dispositivo de Certificados de Ahorro Energético es el n° 2021-712 de 3 junio 2021 *relatif à la cinquième période du dispositif des certificats d'économies d'énergie*

y un 52% respectivamente, mientras que los proveedores de electricidad las han visto disminuir en un 11%.

Para incentivar a los consumidores a realizar obras de renovación y eficiencia energética, se han incorporado bonificaciones e incentivos adicionales entre las que destaca el «Coup de puce» (empujón o ayuda). Éste consiste en una prima adicional que se añade a las ayudas estándar de los CEE para ciertas operaciones de ahorro energético y el proveedor obtiene 1 CEE por cada 1kWh de ahorro de energía acumulado realizado por su cliente. Se aplica a operaciones de sistemas de calefacción más eficientes, renovación a gran escala de viviendas y apartamentos, y operaciones de movilidad sostenible como el coche compartido de corta distancia. Su objetivo principal es acelerar la adopción de medidas específicas de eficiencia energética y descarbonización, consideradas prioritarias por el gobierno. Los proveedores son libres de fijar el importe de su contribución financiera a las obras de eficiencia energética subvencionables. También son libres de definir la forma de su ayuda (bonificaciones, vales, servicios gratuitos, descuentos, etc.).

iii. Adquisición y control de los CEE

Los CEE son otorgados por los servicios del Ministerio encargado de la energía. Hay tres formas de obtenerlos[65]:

Realizando acciones de ahorro de energía en el patrimonio de los elegibles, es decir, en su propia actividad o estructura empresarial o incentivando a los consumidores a invertir en acciones de ahorro de energía (en todos los sectores de actividad: residencial, terciario, industrial, agrícola, transporte, redes).

---

65. Artículos de la parte legislativa del Código de la Energía L 221-1 a L. 222-10. Y los artículos de la parte reglamentaría R 221-1 a R. 222-12 del Código de la Energía.

Comprando CEE en el mercado a otros actores que hayan llevado a cabo acciones de ahorro de energía, en particular los elegibles no obligados.

Mediante contribución financiera a programas de acompañamiento elegibles.

Para facilitar la preparación de las acciones de ahorro de energía e indicar sus importes fijos en kWhc, el Estado y las partes interesadas han elaborado fichas de operaciones estandarizadas. Estas se definen por decreto y se clasifican por sector. Las acciones elegibles que no estén incluidas en estas operaciones estandarizadas deben presentarse como un expediente de operaciones específicas[66].

La validez de los certificados no puede exceder el final del período siguiente a aquel en el que fueron emitidos.

El *Pôle National des CEE* (PNCEE) es el servicio del Ministerio de Energía encargado de realizar las verificaciones, validaciones y controles de los depósitos de CEE por parte de los obligados. También valida el estatus de delegatario para los actores que lo solicitan. El PNCEE ha visto crecer la importancia de sus actividades dentro del sistema de CEE, con la implementación de reglas de control más estructuradas.

Por su parte, también existen las oficinas de control acreditadas por COFRAC que colaboran en el control de las operaciones, en nombre de los obligados, delegatarios, elegibles y el PNCEE.

a. *Procedimiento de declaración de las obligaciones*

Una vez finalizado cada periodo, se inicia así el denominado proceso de «conciliación administrativa», destinado a verificar el cumplimiento de las obligaciones impuestas por la normativa. Este proceso se desarrolla en 3 fases:

---

66. L'arrêté du 22 décembre 2014 modifié définissant les opérations standardisées d'économies d'énergie.

A. Declaraciones de volúmenes de venta de energía

Las declaraciones utilizadas para calcular las obligaciones de ahorro energético (volúmenes de energía vendidos durante el cuatrienio o trienio correspondiente, así como resúmenes de delegaciones) deben enviarse al Ministro de Energía durante los dos primeros meses del año siguiente a la finalización del periodo, para todos los tipos de energía, a través de los formularios de declaración puestos a disposición por el propio Ministerio.

Estas declaraciones deben estar certificadas por un censor jurado de cuentas o un auditor legal (o, en el caso de los servicios públicos, por su contable público).

B. Notificación de obligaciones

Las órdenes que fijan las obligaciones de ahorro de energía serán notificadas por el Ministro de Energía antes del 1 de junio de ese mismo año.

C. Control del cumplimiento de la obligación

El 1 de julio del año en cuestión, la persona responsable de llevar el registro nacional de certificados de ahorro energético (www.emmy.fr) enviará al Ministro de Energía un extracto de la cuenta de cada sujeto obligado. Tras la verificación, el ministro solicitará al encargado del registro que cancele un volumen de certificados de ahorro energético correspondiente a la obligación de cada sujeto obligado (para la obligación «clásica» y para la obligación «en precario»). El registrador notificará esta operación al titular de la cuenta[67].

---

67. Si una actividad sujeta a la obligación de ahorro de energía cesa durante el periodo, de conformidad con lo dispuesto en el artículo R.221-10 del Código de la Energía, la declaración de los volúmenes de venta de energía (fase 1) debe realizarse en el plazo de un mes a partir del cese de la actividad. Asimis-

Si el volumen de CEE disponible en la cuenta del sujeto obligado es insuficiente para hacer frente a su obligación, el sujeto obligado recibirá un requerimiento formal para adquirir más (art L.221-3 del Código de la Energía).

Los artículos R.222-1 y R.222-2 del Código de la Energía establecen las sanciones por incumplimiento de las obligaciones de información y ahorro de energía. En particular, la sanción por incumplimiento de la obligación de ahorro de energía es de 0,015 euros por kWh acumulado que falte.

2. RÉGIMEN FISCAL DE LAS TRANSMISIONES EN EL MARCO DE LOS CEE

Para abordar el análisis de las implicaciones fiscales que tiene el sistema de CEE, es fundamental conocer que en Francia son considerados bienes muebles inmateriales negociables según la legislación francesa[68]. Esto implica que su venta y adquisición tienen un tratamiento contable y fiscal específico.

---

mo, el sujeto obligado deberá presentar un documento que justifique el cese de la actividad y, en su caso, la identidad de la persona que se haga cargo de ésta.

La notificación de la orden de obligación, el establecimiento de la cuenta justificativa y (en su caso) la cancelación de los CEE tiene lugar en el plazo de tres meses desde la declaración de cese de actividad.

68. Los CEE, al ser bienes inmateriales, deben registrarse en la contabilidad de la empresa. Los ingresos y gastos relacionados con su adquisición y venta se reflejan en las cuentas de resultados, afectando al beneficio o pérdida de la entidad.

i. La obligación de realizar ahorro de energía

En Francia, es un criterio consolidado que el sistema de los CEE no puede considerarse, desde el punto de vista jurídico, como un gravamen de ningún tipo. En este sentido se pronuncia la Dirección de asuntos jurídicos del Ministerio de Economía, Finanzas y Recuperación francés de 22 de septiembre de 2020[69]. Sin embargo, unos años antes, el *Conseil d'État,* en la decisión de 10 de febrero de 2017[70] las define como una carga pública que se inscriben en el marco de una política pública incentivada.

Estas definiciones no han impedido que hayan aparecido voces críticas que señalan una repercusión en los costes de los consumidores residenciales, terciarios y del transporte. El estudio de la ADEME[71] que plantea la integración de un componente de carbono en el dispositivo de los CEE, pone de manifiesto esta repercusión de la financiación de los certificados «Por lo tanto, el dispositivo de los CEE puede considerarse como un impuesto basado en el consumo de energía»[72].

El principal inconveniente del régimen es que no está coordinado con otras herramientas fiscales relacionadas con la energía. No obstante, es cierto que, cuando se fija la obligación de CEE al inicio de cada periodo, se estudia el impacto en el precio de las energías teniendo en cuenta la fiscalidad de éstas,

---

69. https://www.igf.finances.gouv.fr/files/live/sites/igf/files/contributed/Rapports%20d'activit%C3%A9/ra-igf-2020-HD1.pdf

70. Decisión del Conseil d'État de 10 de febrero de 2017, n° 387861, SNC Total Raffinage Marketing.

71. Las siglas ADEME se corresponden con *Agence de l'Environement et de la Maîtrise de l'Energie* (Agencia de Medio Ambiente y Gestión de la Energía). Actualmente, aunque se han mantenido las siglas ADEME la Agencia en cuestión se rubrica *Agence de la Transition* Écologique (Agencia de la Transición Ecológica).

72. Estudio *L'intégration d'une composante carbone dans le dispositif des Certificats d'économies d'énergie (CEE),* Agencia de la Transición Ecológica, ADEME. https://librairie.ademe.fr/changement-climatique/4938-l-integration-d-une-composante-carbone-dans-le-dispositif-des-certificats-d-economies-d-energie-cee.html

pero eso no impide un encarecimiento del coste anual de los CEE[73]. El Tribunal de Cuentas aboga por que las obligaciones establecidas en el marco del sistema de CEE y sus efectos sobre los precios de la energía se anticipen mejor y tengan en cuenta las orientaciones adoptadas en materia de fiscalidad energética[74]. Esta fiscalidad sobre la energía que entra en colisión con el ámbito de aplicación del régimen de los CEE se refiere al conjunto de impuestos específicos que inciden en el precio de la energía y que paga el consumidor final, ya sea un hogar o una empresa. Pero además esta categoría también incluye al Impuesto fijo sobre las Empresas de Red (IFER), el impuesto fijo sobre las torres de alta tensión o la contribución tarifaria de transporte (CTA) o Impuesto incentivador relativo al uso de energías renovables en el transporte (TIRUERT) que fija un objetivo de uso de energías renovables en el transporte. Por último, el sistema de comercio de derechos de emisión de la Unión Europea (SEQE-UE) se ampliará a partir de 2027 al sector de la construcción y el transporte. Aunque aún se desconocen las modalidades concretas de su aplicación, cabe esperar efectos directos sobre el precio de la energía. Esta exigencia de coherencia aboga por un refuerzo del control parlamentario sobre el instrumento de los CEE más allá de las disposiciones

---

73. Informe del Tribunal de Cuentas *LES CERTIFICATS D'ÉCONOMIES D'ÉNERGIE : un dispositif à réformer car complexe et coûteux pour des résultats incertains*. Communication à la commission des finances, de l'économie générale et du contrôle budgétaire de l'Assemblée nationale, julio de 2024. Pp. 58-59.

https://www.ccomptes.fr/sites/default/files/2024-09/20240917-Certificats-economie-energie_0.pdf

74. Esto resulta crucial en lo que respecta a la hipótesis de integrar, que se plantean en Francia, para el sexto período un componente de carbono en el cálculo de los niveles de obligación o la de ampliar las energías sujetas a impuestos. Estudio *L'intégration d'une composante carbone dans le dispositif des Certificats d'économies d'énergie (CEE)*, Agencia de la Transición Ecológica, ADEME.

https://librairie.ademe.fr/changement-climatique/4938-l-integration-d-une-composante-carbone-dans-le-dispositif-des-certificats-d-economies-d-energie-cee.html

existentes, en particular en lo que se refiere al nivel de obligación.

En lo que respecta al volumen de ventas de energía, los hogares soportan directamente a través de sus facturas de energía el 65 % de la obligación de los CEE (incluido el IVA que pagan) y las empresas y los actores institucionales del sector terciario el 35 %.

El coste medio anual para un hogar, estimado por el Tribunal de Cuentas a partir del consumo medio de energía, asciende a 120 € en 2022 y a 164 € en 2023. El fuerte aumento entre estos dos años se explica por el incremento del coste medio de los CEE y por el aumento del nivel de obligación entre 2022 y 2023. Así, los CEE representaban el 3,3 % de la factura energética de los hogares en 2022 y el 4,3 % en 2023, es decir, aproximadamente el 0,40 % de su presupuesto medio anual total en 2023.

En 2020, las inspecciones generales concluyeron, considerando un coste medio de los CEE de 7 € por MWhc, que el coste medio anual para el cuarto periodo sería de aproximadamente 100 € por hogar, es decir, el 3 % de su factura energética. Sin embargo, estas medias ocultan importantes disparidades según el tipo de vivienda (apartamento o casa individual), el vector de calefacción y la ubicación de los hogares. No obstante, las ayudas asignadas a algunos hogares financian parte de las medidas de ahorro energético y deberían reducir el consumo y, por lo tanto, las facturas energéticas de estos[75].

ii. Ayudas de financiación de actuaciones de ahorro de energía para los consumidores finales

a. Impuesto sobre Sociedades

En el marco del régimen de certificados de ahorro de energía introducido por la Ley POPE, los principales proveedores

---

75. Informe del Tribunal de Cuentas, op. cit. p. 57.

de energía, denominados «obligados», pueden firmar «convenios de financiación de obras de ahorro de energía y de utilización de certificados de ahorro de energía», en virtud de los cuales abonan ayudas financieras a sus clientes para incitarles a modificar sus equipos. Desde esta perspectiva, entendida como una ayuda económica o subvención, cuando se concede a una empresa, es objeto de gravamen ya sea una ayuda de funcionamiento o una ayuda a la inversión. De acuerdo con las disposiciones del artículo 38 del Código General de Impuestos (CGI), todo crédito adquirido por una empresa de un tercero debe imputarse al ejercicio durante el cual el principio y el importe del crédito se hicieron ciertos. Por consiguiente, las subvenciones de explotación deben incluirse en la base imponible del ejercicio en que se concedieron. No obstante, determinadas subvenciones pueden someterse a imposición a lo largo del tiempo. De conformidad con el artículo 42 septies del CGI, las subvenciones de capital concedidas a las empresas por la Unión Europea, el Estado, las entidades locales o cualquier otro ente público para la creación o adquisición de activos fijos específicos no se incluyen, a elección de la empresa, en los resultados del ejercicio en curso en la fecha de su concesión, pero pueden, en determinadas condiciones, someterse a imposición de forma escalonada. Si la subvención se destina a financiar un activo amortizable, debe reintegrarse en los beneficios imponibles al mismo ritmo que la amortización de dicho activo, mientras que, si la financiación se refiere a un activo no amortizable, debe reintegrarse en proporciones iguales durante los años en que el activo sea inalienable o, en ausencia de cláusula de inalienabilidad, durante un período de 10 años a partir del año en que se conceda. La Ley de Finanzas para 2023, de 30 de diciembre de 2022 (L. n° 2022-1726, 30 dic. 2022, art. 32 et 65, I, A : JO 31 dic. 2022, texto n° 1) amplía esta posibilidad de aplazamiento a las subvenciones de los organismos creados por las instituciones de la Unión Europea y a las ayudas financieras abonadas por los proveedores de energía a sus clientes en virtud de convenios firmados para incitarles a modificar sus equipos, siempre que las ayudas se destinen a la creación o adquisición de activos fijos específicos que permitan ahorrar energía, dando derecho a la concesión de certificados de ahorro energético (CEE)[76]. Según la exposición de motivos del proyecto de ley, estas ayudas participan en la financiación de los gastos que contribuyen al objetivo general de transición ecológica.

Esto supone una modificación que favorece a los contribuyentes del Impuesto sobre Sociedades que hasta entonces, de conformidad con la doctrina administrativa[77] y la jurisprudencia (CE 7 de diciembre de 1988 n° 73959 y CAA Burdeos 4 de noviembre de 2003 n° 00BX01499), las ayudas abonadas en el marco de «convenios de financiación de obras de ahorro de energía y de utilización de certificados de ahorro de energía» no pueden acogerse a las disposiciones del artículo 42 septies del CGI, ya que estas ayudas son abonadas por empresas sujetas a las condiciones del mercado en el marco de su actividad industrial y comercial. Es decir, las subvenciones cubiertas por el nuevo sistema se amplían al sector privado, mientras que hasta ahora el sistema de aplazamiento de subvenciones de capital sólo cubría las subvenciones públicas. Por lo tanto, desde el punto de vista fiscal, las cantidades abonadas a las empresas en virtud de este régimen constituían rentas sujetas a gravamen con arreglo al Derecho común.

---

76. Vid. GUERRA, R., CHASSELOUP, S., BÉNICHOU, J.R., CHIFFERT, V., REDON, D, BONNEFONT, N. y SOUSSI, K., «Fiscalité environnementale : chronique de l'année 2022», *Droit Fiscal,* n. 13, abril 2023. 147.

77. En una respuesta ministerial de 7 de octubre de 2021, el Ministro de Economía precisa que las ayudas financieras abonadas a una empresa en el marco de CEE no pueden beneficiarse del régimen de reparto de las subvenciones de capital (Rép. min. n° 21138: JO Sénat 7 oct. 2021, Ménonville). Según el Ministro, el «spreading» de las subvenciones debe reservarse a las subvenciones públicas concedidas para la adquisición de bienes de equipo. «Détermination du résultat - Extension du champ d'application du dispositif d'étalement des subventions [BIC / IS] - Commentaire», *Droit fiscal* n° 1-2, 5 janvier 2023, comm. 16

b. El IVA

En el sistema francés, la cuestión de si la «prima CEE» está sujeta a IVA (TVA) ha sido objeto de debate y clarificación a lo largo del tiempo, y efectivamente, depende mucho de la calificación legal de la operación y de si se considera la contrapartida de un servicio. La clave en Francia ha sido la calificación de la prima CEE como una ayuda a la financiación de la inversión en eficiencia energética, más que como la contraprestación de un servicio prestado por el beneficiario al sujeto obligado. Esto ha llevado a que, en la mayoría de los casos de pago de prima CEE al beneficiario final, no esté sujeta al IVA (TVA)[78].

Por lo tanto, en lo que se refiere al tratamiento fiscal de tales subvenciones a efectos del IVA, una cantidad, cualquiera que sea su clasificación, debe estar sujeta al IVA si puede analizarse bien como la contraprestación de una entrega de bienes o prestación de servicios individualizada realizada por el sujeto pasivo en beneficio del pagador, bien como un complemento del precio de tal operación imponible realizada por su beneficiario con terceros. Las cantidades abonadas para completar el precio cobrado al público constituyen ayudas o subvenciones sujetas al IVA, siempre que pueda establecerse sin ambigüedad que existe una relación directa entre la ayuda concedida y el precio. La naturaleza imponible de una subvención sólo puede establecerse si un examen detallado, caso por caso, de la intención de las partes, de las condiciones de pago de las subven-

---

78. La decisión del Conseil d'État referida anteriormente (de 10 de febrero de 2017, n° 387861, SNC Total Raffinage Marketing), aunque no trata directamente sobre el IVA de la prima CEE, sin embargo, es fundamental porque clarifica la naturaleza jurídica de la obligación de ahorro energético de los sujetos obligados y, por ende, el marco de los CEE. En ella estableció que la obligación de ahorro es una carga pública, pero que las operaciones que permiten su cumplimiento no son prestaciones de servicio al Estado, sino que se inscriben en el marco de una política pública incentivada. Esto apoya indirectamente la idea de que la transacción principal se trata de cumplir con una obligación pública, no necesariamente una prestación directa de servicios a la parte obligada por parte del beneficiario.

ciones y de las circunstancias que dan lugar a su pago, revela inequívocamente un vínculo directo entre la decisión de la parte pagadora de conceder la subvención y la contraprestación que recibe. En este caso concreto, las subvenciones abonadas por los «sujetos obligados» en virtud de los «convenios de financiación de obras de ahorro energético y de valorización de certificados de ahorro energético» no pueden considerarse el precio de venta de los certificados de ahorro energético. Los beneficiarios de las subvenciones no venden sus certificados de ahorro energético, sino que envían certificados de finalización de obra, que son la condición formal para que los «sujetos obligados» obtengan los certificados. Como tales, nunca se convierten en propietarios de los certificados y no pueden venderlos en ningún momento. Por lo tanto, esta transferencia no constituye una entrega de bienes o una prestación de servicios a título oneroso. Además, las subvenciones pagadas por los «sujetos obligados» directamente al cliente beneficiario no pueden considerarse subvenciones de complemento de precio en la medida en que el proveedor del bien de inversión no es parte en el contrato. Por consiguiente, estas subvenciones, que financian una parte de la adquisición de un bien de inversión, pueden analizarse como subvenciones de capital no sujetas al IVA. Por tanto, su percepción no influye en el alcance del derecho a deducción del IVA de las empresas que las reciben[79].

iii. El mercado de CEE

El «mercado primario» de los CEE corresponde a la producción y emisión de certificados. Éste se basa en productos heterogéneos: funcionamiento normalizado, funcionamiento específico, «programa». El «mercado secundario» permite, posteriormente, el libre intercambio de certificados emitidos

---

79. Question écrite avec réponse n° 86313, 04 août 2015 - Energie et carburants - Économies d'énergie - Certificats d'économie d'énergie. Fiscalité. - M. Marc Le Fur - Ministère du Budget.

por el PNCEE. Los certificados emitidos a los sujetos obligados y delegados, como ya se ha indicado, se incluyen en el registro nacional «Emmy», así como cualquier transacción de certificados realizada de común acuerdo, que constituye el mercado secundario que es accesible a toda persona jurídica.

La posibilidad de vender y comprar certificados tiene diferentes repercusiones fiscales en función de que el sujeto que opera sea una persona jurídica o una persona física. En el caso de estos últimos, suelen percibir una ayuda ya descontada del precio de la acción de ahorro que hayan realizado —cambio de calefacción, placas solares...— o en forma de prima.

Impuesto sobre Sociedades (Impôt sur les Sociétés - IS) o Impuesto sobre la Renta (Impôt sur le Révenu - IR) para empresas y profesionales:

— **Para los «obligados» (compradores de CEE):** La adquisición de CEE representa un gasto deducible. Los costes asociados a la compra de CEE (ya sea directamente en el mercado o a través de la financiación de operaciones de ahorro energético que generen CEE) son gastos necesarios para cumplir con su obligación y, por lo tanto, son deducibles de su base imponible para el cálculo del Impuesto sobre Sociedades o el Impuesto sobre la Renta (para empresas individuales o autónomos). El artículo 39 del CGI estipula que son deducibles, en el cálculo de la base imponible, las cargas directamente relacionadas con la actividad normal de la empresa, es decir, aquéllas que son necesarias para la adquisición o conservación de los ingresos. La compra de CEE es un gasto necesario para las empresas «obligadas» para cumplir con una obligación legal impuesta por el Código de la Energía (específicamente el Artículo L221-1 y siguientes, que establecen el dispositivo de CEE). Si un «obligado» no adquiere suficientes CEE para cumplir su obligación, se enfrenta a penalizaciones económicas. Por lo tanto, la adquisición de CEE se considera un gasto de explotación indispensable para el desarrollo de la actividad de estas empresas y para evitar sanciones.

— **Para los «elegibles» (vendedores de CEE) y otros generadores de CEE:** Los ingresos obtenidos por la venta de CEE constituyen rentas sujetas a gravamen, concretamente se denominan «produits d'exploitation»). Estos ingresos se integran en el resultado fiscal de la empresa o del profesional y están sujetos al Impuesto sobre Sociedades o al Impuesto sobre la Renta, según la forma jurídica. Esto significa que la plusvalía generada por la venta de estos certificados aumenta la base imponible del contribuyente[80]. Así lo ha corroborado la doctrina administrativa fiscal[81] el documento BOI-BIC-PDS-TK-10-30-10-20 (relativo a «Subventions d'équipement et sommes perçues en raison d'opérations permettant la réalisation d'économies d'énergie ouvrant droit à l'attribution de certificats d'économie d'énergie») indica claramente que: «Las sumas percibidas por las empresas en razón de operaciones que permiten la realización de ahorros de energía, en particular con vistas a la creación o adquisición de bienes de equipo, dan derecho a la atribución de certificados de ahorro de energía previstos en el artículo L. 221-7 del Código de la Energía.»

Y lo más relevante: «Así, las sumas percibidas por las empresas en el marco de este dispositivo constituyen, desde el

---

80. De acuerdo con el CGI, el artículo 38 define el beneficio imponible de las empresas sujetas al Impuesto sobre Sociedades, determinado a partir de la diferencia entre los productos y las cargas del ejercicio. Los ingresos por la venta de CEE se incluyen en los «productos» de la empresa.

Por su parte, el artículo 34 del CGI: Para las empresas individuales sujetas al Impuesto sobre la Renta en la categoría de Beneficios Industriales y Comerciales (BIC), este artículo establece que el beneficio se determina a partir de los ingresos brutos, de los cuales se deducen los gastos. La venta de CEE genera ingresos brutos que se integran en esta base.

81. El Bulletin Officiel des Finances Publiques-Impôts es la doctrina administrativa en materia tributaria en Francia. https://bofip.impots.gouv.fr/

punto de vista fiscal, ingresos imponibles en las condiciones de derecho común.»[82].

Sin embargo, con posterioridad, se ha introducido una exención de los beneficios derivados de la cesión de los certificados de ahorro de energía (artículo 207.1.4°.a del CGI) para los sujetos elegibles definidos conforme al artículo L.221-7 del Código de la Energía.

Impuesto sobre el Valor Añadido (Taxe sur la Valeur Ajoutée-TVA):

La venta de CEE está sujeta a IVA que debe calificarse como una prestación de servicios. El artículo 256 del CGI define el hecho imponible de las entregas de bienes y las prestaciones de servicios realizadas a título oneroso por un sujeto pasivo —persona que ejerce una actividad económica de forma independiente—. En la medida en que los CEE son considerados bienes muebles inmateriales y su transferencia se hace a título oneroso, la venta entra en el ámbito de aplicación del IVA.

El sujeto pasivo, conforme a la regla general, artículo 283, párrafo 1 del CGI, es el prestador del servicio. Ahora bien, debido a la naturaleza desmaterializada de los CEE y las normas de localización del servicio/bien, generalmente, se aplica la regla de la inversión del sujeto pasivo en las transacciones entre profesionales sujetos al IVA en Francia. El artículo 283, párrafo 2, establece la excepción y designa como sujeto pasivo al destinatario de la operación. Si bien el Artículo 283.2 no menciona explícitamente los CEE, la doctrina administrativa y la práctica fiscal en Francia aplican la inversión del sujeto pasivo a la venta de CEE. La razón es que los CEE suelen ser transacciones entre profesionales sujetos a IVA[83]. Esto significa que es

---

82. Conforme a la respuesta ministerial del 10 de mayo de 2016, AN 10 mayo 2016, p. 4007, n°86313.

83. El BOFiP (Bulletin Officiel des Finances Publiques - Impôts), que es la doctrina administrativa fiscal francesa, precisa la aplicación de la inversión del sujeto pasivo para ciertas operaciones entre profesionales. Aunque no se ha pro-

el comprador (el «obligado» o el intermediario) quien debe autoliquidar el IVA, no el vendedor. Esto simplifica la facturación para el vendedor, que factura sin IVA, y es el comprador quien lo declara y lo deduce simultáneamente.

Sanciones por incumplimiento:

Por último, es importante mencionar que el sistema de CEE establece penalizaciones económicas significativas si los «obligados» no cumplen con sus objetivos de ahorro energético[84]. Estas penalizaciones (actualmente de 0,02 euros por kWh cumac no logrado) no son deducibles fiscalmente y representan un coste adicional para la empresa incumplidora. Esto refuerza el incentivo para que los obligados adquieran CEE o realicen sus propias operaciones de ahorro.

Además del régimen estándar comentado, en el ordenamiento tributario francés se ha planteado una incompatibilidad entre los ingresos procedentes de la venta de CEE, las bonificaciones del impuesto sobre bienes inmuebles (*Taxe Foncière sur les propriétés bâties*) por las obras de eficiencia energética financiadas.

El artículo 1391 E del CGI prevé la concesión de una bonificación sobre la cuota del impuesto sobre bienes inmuebles construidos (TFPB) correspondiente a los edificios destinados a vivienda pertenecientes a los organismos de viviendas sociales contemplados en el artículo L. 411-2 del *Code de la construction et de l'habitation* (CCH), igual a «una cuarta parte de los gastos de renovación, deducidas las subvenciones recibidas

nunciado expresamente sobre los CEE, en la práctica se enmarca en las disposiciones aplicables a la venta de bienes inmateriales y servicios entre sujetos pasivos. Por otro lado, la Ley de Finanzas para 2024 (Loi n° 2023-1322 du 29 décembre 2023, art. 112, I-C) ha extendido explícitamente el mecanismo de autoliquidación del IVA a las transferencias de certificados de garantías de origen y de producción previstos en el Código de la Energía. Aunque los CEE son distintos, esta medida refuerza la tendencia a aplicar la autoliquidación a este tipo de certificados inmateriales en el sector energético.

84. El Código de la Energía, el capítulo II del Título II - Les certificats d'économies d'énergie), artículos L. 222-1 y L. 222-2.

por dichos gastos, que puedan beneficiarse del tipo reducido del impuesto sobre el valor añadido [...] y que hayan sido pagados durante el año anterior a aquel por el que se adeuda el impuesto».

Los artículos L. 221-1 a L. 222-9 del Código de la Energía establecen un sistema de certificados de ahorro de energía (CEE) en virtud del cual el Estado asigna gratuitamente dichos certificados a determinadas categorías de personas jurídicas, entre ellas los organismos mencionados en el artículo L. 411-2 del CCH (organismos de viviendas sociales), cuando hayan realizado acciones complementarias a su actividad habitual que supongan un ahorro de energía superior a un volumen fijado por decreto.

Estas personas, denominadas sujetos «elegibles», pueden vender los certificados así emitidos, que constituyen bienes muebles negociables cuya unidad de cuenta es el kilovatiohora de energía final ahorrada, a los «sujetos obligados», es decir, a los proveedores de energía, que tienen la obligación de realizar ahorros de energía, que pueden cumplir mediante la tenencia de estos certificados.

La expedición gratuita de certificados por parte del Estado a las personas con derecho a ello es una prestación destinada exclusivamente a ayudarles a financiar sus esfuerzos de ahorro energético en el marco de una política pública de reducción de las emisiones de gases de efecto invernadero y de desarrollo de las energías renovables. En este caso, es práctica habitual que los obligados, proveedores de energía, acuerdan financiar la totalidad de determinadas obras a una entidad elegible, a condición de que dicha entidad se comprometiera a proporcionarle los documentos necesarios para presentar una solicitud de certificados de ahorro energético relacionados con dichas obras y que dicha solicitud fuera aceptada. La cuestión que se llevó a deliberación al Conseil d'État era si este pago de la obra, por parte del proveedor de energía, tienen carácter de subvención, que reducía la desgravación o bonificación en el TFPB a la que podía optar el titular de la reforma.

En junio de 2022, el *Conseil d'État*[85] dictaminó que las contribuciones financieras abonadas por un proveedor de energía, «sujeto obligado» en el sentido de los artículos L. 221-1 a L. 222-9 del *Code de l'énergie*, con el fin de financiar la totalidad de las obras de aislamiento de las buhardillas realizadas por una asociación de viviendas sociales contemplada en el artículo L. 411-2 du CCH, «subvencionables» en el sentido de estos mismos artículos del Código de la Energía, tienen el carácter de subvenciones en el sentido y para la aplicación del artículo 1391 E del CGI, aunque estas contribuciones no sean una ayuda económica directa, sino que representan la valoración, hasta el coste de las obras, de un derecho para el proveedor obligado a que se le expidan los correspondientes certificados de ahorro de energía[86]. Es decir, el Tribunal adopta una interpretación amplia del concepto de subvención y la bonificación, calculada en función del coste de la operación, queda sin efecto.

3. CUESTIONES CONFLICTIVAS DE LA APLICACIÓN DE LOS CERTIFICADOS EN FRANCIA Y POSIBLES SOLUCIONES.

La extensa experiencia francesa ha puesto de manifiesto fallos relevantes en el dispositivo de los certificados de ahorro de energía que cada vez son más complejos y costosos. La dificultad de demostrar su eficacia[87] junto con el nivel de fraude tan elevado, especialmente en las operaciones estandarizadas

---

85. Sentencia del Conseil d'État, 8e et 3e chambres réunies, 14 junio 2022 – n° 454465.

86. Vid. CIAVALDINI, K., «Taxe foncière sur les propriétés bâties - La contribution financière d'un fournisseur d'énergie aux travaux de rénovation d'un organisme d'HLM constitue une subvention alors même qu'elle serait représentative d'un droit à se voir délivrer des certificats d'économie d'énergie - Commentaire avec conclusions du rapporteur public», *Droit fiscal* n° 40, 6 octobre 2022, comentario 358.

87. Aun así, el Tribunal ha contabilizado más de un millón de operaciones financiadas cada año desde 2021 hasta 2014 con el dispositivo de los CEE. Ade-

de renovación de viviendas, ha hecho que se planteen diferentes alternativas.

Por un lado, el Tribunal de Cuentas ha llegado a plantear la supresión de éste o su sustitución por otro mecanismo ya que el Gobierno dispone de otros mecanismos como son la fiscalidad, las subvenciones o un marco reglamentario[88], con el mismo fin de responder a los objetivos de reducción del consumo de energía final. Resulta llamativo que el Tribunal plantee como una solución para continuar las medidas de ahorro energético, la reducción de gases de efecto invernadero, y la lucha contra la precariedad energética, recurrir a sistemas de fondos alimentados por la obligación de los proveedores de energía, como los existentes en España o en Dinamarca[89]. Esta última, debido, precisamente, a los problemas en la aplicación de los certificados, cambió su régimen. Por tanto, la solución que propone el Tribunal sería que la obligación que recae sobre los obligados podría convertirse en una contribución financiera obligatoria que permitiría aumentar los créditos presupuestarios, los fondos y las dotaciones. Pero esta solución también tiene sus inconvenientes. La transformación en gravamen tributario de la obligación que constituyen en la actualidad los CEE, para el Tribunal de Cuentas, plantearía problemas de aceptabilidad, con el riesgo de que el dispositivo perdiera importancia financiera y las subvenciones pagadas plantearían la cuestión de su posible denuncia a la Comisión Europea en virtud del régimen de ayudas de Estado[90].

Uno de los fallos que se ha detectado por la propia estructura del dispositivo de los CEE, es la masificación de operaciones estandarizadas que ha resultado poco adecuada para el sector industrial porque su descarbonización se basa en opera-

---

más, entre 2014 y 2020 se ha reducido 106 TWh el consumo de energía en Francia. Informe del Tribunal de Cuentas, op. cit. p.9.

88. Informe del Tribunal de Cuentas, op. cit., p. 90.

89. Véase en Anexo la tabla de enfoque comparado de los mecanismos CAE en cinco países de Europa.

90. ult. op. cit. pp. 90-91.

ciones muy específicas que son difíciles de reproducir[91]. Aunque el régimen contempla operaciones específicas, este sistema resulta deficiente porque no proporciona a las entidades industriales una previsibilidad del importe de las ayudas para sus planes de financiación.

Ante esta dificultad, se plantea la reorientación del dispositivo a sectores específicos. Bien en beneficio de la renovación energética de los edificios, dando prioridad a los hogares en situación de precariedad. Bien, centrándose únicamente en los beneficiarios profesionales[92].

En el caso de la renovación energética de los edificios, esta solución tendría la ventaja de responder a la ambición de las autoridades públicas francesas de reducir las emisiones de gases de efecto invernadero del sector de la construcción residencial, garantizando al mismo tiempo una transición más justa. Además, el coste para los hogares en situación precaria podría ser muy reducido y el carácter redistributivo del sistema se vería así especialmente reforzado[93].

No obstante, esta solución también presenta inconvenientes que la hacen inviable. Solo permite acompañar a un único sector, el de la construcción residencial, y a un único segmento de la población. Al hacerlo, ignora los importantes retos que plantea la reducción del consumo final en otros sectores de actividad, en particular en la industria y el transporte, con el riesgo de no permitir alcanzar los objetivos de la Unión Europea perseguidos en este ámbito. Y, además, ya existen en Francia otras herramientas para acompañar la lucha contra la precariedad energética, por lo que la originalidad del dispositivo de los CEE y su adicionalidad serían cuestionables.

---

91. Inspection Générale des Finances, *Revue des aides à la transition écologique*, 2023.

92. Informe del Tribunal de Cuentas, op. cit., pp. 92-93.

93. Esta opción se ha aplicado en el Reino Unido, cuyo mecanismo de certificados blancos se reorientó en 2022 durante su cuarto periodo. Véase en Anexo la tabla de enfoque comparado de los mecanismos CAE en cinco países de Europa.

Para los profesionales, la principal ventaja de esta solución es que simplificaría considerablemente el instrumento y el centrarlo en un único objetivo, permitiría satisfacer las necesidades de los agentes económicos y garantizar un ahorro energético real, ya que estos agentes suelen realizar un seguimiento de su consumo. También pondría fin a gran parte de los problemas de fraude que se dan principalmente en el sector difuso de los particulares. La aplicación de este escenario acercaría el dispositivo francés de CEE al existente en Italia[94], que apenas se centra en el sector residencial difuso. No obstante, esta solución también presenta inconvenientes, principalmente porque excluye la renovación energética de los edificios del sector residencial del sistema de ahorro de energía. Tampoco garantiza la consecución de los objetivos de reducción del consumo energético que se consideran necesarios para cumplir los objetivos de la directiva europea sobre eficiencia energética, dada la restricción del ámbito de aplicación.

Podríamos seguir enumerando fallos del sistema, pero vamos a finalizar con uno de los problemas más relevantes que se ha puesto de manifiesto que es el derivado de las posibilidades de fraude en el marco de los certificados de ahorro energético. Desde el final del tercer período, el Ministerio de Economía y Finanzas ha detectado un aumento del fraude relacionado con los certificados, que se ha manifestado en inflación del coste de las obras, sobreestimación de los ahorros de energía o trabajos fraudulentos. A pesar del esfuerzo de los controles, este sistema da lugar a múltiples estafas, en particular en el sector de la construcción. De manera similar a lo que ocurrió con el impuesto sobre el carbono, redes de estafadores también se aprovechan del sistema de CEE, con empresas creadas de la nada para recuperar los fondos generados por los certificados.

---

94. Véase en Anexo la tabla de enfoque comparado de los mecanismos CAE en cinco países de Europa.

Este fraude puede abarcar múltiples ámbitos de infracción, no sólo en el propio sistema de los CEE, sino también en fraude fiscal y social, prácticas comerciales engañosas para los consumidores, trabajo no declarado, blanqueo, etc. Por lo tanto, la eficacia de la lucha contra el fraude requiere la colaboración de diferentes servicios del Estado. La ley permite aclarar el marco jurídico aplicable al intercambio de información entre servicios. El Estado también se dota de los medios para hacer aún más eficaz el dispositivo, reforzando los controles sobre las obras y/o dispositivos de ahorro energético subvencionados por las ayudas pagadas en el marco de los CEE, lo que permite reforzar la confianza de los ciudadanos en las obras de renovación de viviendas, confianza indispensable para cumplir los compromisos del país. La Ley n.º 2019-1147, de 8 de noviembre de 2019, relativa a la energía y el clima (LEC) introdujo varias medidas que permiten reforzar los controles desde entonces:

— Los solicitantes de los CEE deberán justificar los controles realizados en determinadas operaciones de ahorro energético y sufragados por ellos mismos. Cada operación controlada será objeto de un informe en el que se señalará cualquier elemento que pueda poner en duda el ahorro energético esperado. Un decreto definirá las modalidades de estos controles (artículo L. 221-9);

— Los obligados y elegibles para los CEE están obligados a señalar cualquier incumplimiento manifiesto de las normas de certificación, cualificación o etiquetado por parte de una empresa que preste servicios relacionados con la renovación o la eficiencia energética al organismo encargado de su expedición. El examen de estos elementos debe realizarse sin demora y puede llevar al organismo a suspender o retirar la certificación, la cualificación o la etiqueta a la empresa objeto de la notificación (artículo L. 221-13).

— Los solicitantes de CEE podrán verse obligados a realizar verificaciones adicionales, a su costa, por parte de un organismo de inspección acreditado e independiente, en caso de que un control ponga de manifiesto un índice de incumplimiento superior al 10 % del volumen de CEE controlado por los servicios del Estado. El solicitante facilitará al organismo de inspección la información y los documentos necesarios para el control. Éste elaborará un informe sobre las verificaciones realizadas (artículo: L. 222-2-1).

— El nivel de las sanciones pecuniarias se incrementa del 2 % al 4 % de la cifra de negocios sin impuestos del último ejercicio cerrado y del 4 % al 6 % en caso de nuevo incumplimiento de la misma obligación (artículo: L. 222-2).

— El plazo de prescripción de los hechos por los que no se puede recurrir al ministro, si no se ha realizado ningún acto tendente a su investigación, constatación o sanción, pasa de tres a seis años (artículo: L. 222-5).

— Los distintos servicios del Estado podrán intercambiar, de forma espontánea o previa solicitud, todos los documentos e informaciones que posean o recopilen en el marco de sus respectivas misiones (artículo: L. 222-10).

— Por otra parte, las operaciones de ahorro energético que den lugar a un aumento de las emisiones de gases de efecto invernadero no podrán dar lugar a la expedición de CEE (artículo: L. 221-7-1).

Todo apunta a que en Francia se está reflexionando sobre una reforma en profundidad del dispositivo de los CEE de cara a un sexto periodo que abarcará los años 2026 a 2030, fecha clave que, de acuerdo con el paquete europeo «Fit for 55», Francia se ha comprometido a reducir su consumo final de energía en un 30% en 2030 en comparación con 2012. Por tanto, uno de los factores clave que guiarán las iniciativas de ahorro energético en los próximos años es la Directiva de Eficiencia Energética, cuya revisión se inició en 2022 bajo la Presidencia francesa como parte del paquete «Fit for 55» y que ha concluido con la publicación de la Directiva de 13 de septiembre de 2023 relativa a la eficiencia energética y por la que se modifica el

Reglamento (UE) 2023/955 (refundición), aún no transpuesta al ordenamiento jurídico francés. Esto es importante para el sistema de certificados de ahorro energético, porque la Directiva fija el objetivo nacional de consumo final de energía para 2030, objetivo en el que contribuye de forma significativa el sistema de CEE.

II.

El precdente italiano de los certificados de ahorro: el Titoli di Efficienza Energética (TEE)

1. INTRODUCCIÓN Y EVOLUCIÓN NORMATIVA DE LOS TEE EN ITALIA

Italia, seguida de Francia[95], ha encabezado la introducción de mecanismos de ahorro energético en los usos finales de la energía a través de obras y proyectos que tienen como objetivo el aumento de la eficiencia energética. Denominados como «Titoli di efficienza Energetica —Títulos de Eficiencia Energética» (TEE), también conocidos como «Certificati Bianchi— Certificados Blancos»[96] (CB) son títulos negociables que certifican el logro de ahorros energéticos.

---

95. Con la excepción de la Región de Flandes, en Bélgica, que, en 2003, fue el primer territorio que creó un antecedente de este instrumento de ahorro denominado *Rationeel Energieverbruik* (Rational Use of Energy - RUE Law, en inglés) que no contempla un mercado como encontramos en España, Francia o Italia. Vid. Sáenz De Miera, G., Muñoz-Rodríguez, M. A., Guerenabarrena, A., «Reflexiones sobre los esquemas de obligaciones de ahorro energético (certificados blancos) en Europa», *Economics for energy*, WP 12/2013, pp. 2 y 3.

96. El calificativo blanco se utiliza en Italia para diferenciarlo de los «certificados verdes» que son, al igual que los blancos, acreditaciones que se expiden mediante un complejo mecanismo que establece obligaciones y derechos pero que se diferencian en los siguientes aspectos: la finalidad (obligación de una producción mínima de energía procedente de fuentes renovables para los certificados verdes; promoción del uso racional de la energía, para los blancos); los

El sistema de certificados en Italia es un esquema clásico de «cap and trade», en el que se establece la obligación de las empresas distribuidoras de electricidad y gas natural con más de 50.000 clientes de alcanzar un objetivo anual de aumento de la eficiencia energética entre sus clientes finales, conocido como la cuota obligatoria[97]. Este objetivo puede ser certificado a través de los denominados certificados blancos, que son títulos negociables emitidos por el *Gestore dei Servizi Energetici* S.p.A. (GSE) en función de la energía ahorrada mediante intervenciones de eficiencia energética.

Además de los grandes distribuidores, otros operadores, denominados sujetos voluntarios, pueden participar en el sistema, aunque no tengan la obligación de cumplir con el incremento anual de eficiencia energética. Estos sujetos pueden acceder al mecanismo realizando las intervenciones correspondientes. Por cada tonelada equivalente de petróleo (TEP) de energía ahorrada a través de una intervención de eficiencia energética, el GSE otorga un certificado blanco al sujeto que la haya ejecutado, ya sea obligado o voluntario. Este certificado sirve como prueba del ahorro energético logrado y puede ser negociado.

De esta manera, los sujetos obligados deben obtener certificados blancos, ya sea mediante la realización directa de proyectos de eficiencia energética o mediante la compra de certificados a los sujetos voluntarios. El número de certificados obtenidos debe ser suficiente para reducir o anular la cuota

---

sujetos implicados (productores de fuentes fósiles y productores de energía renovable, en el caso de los certificados verdes; distribuidores de electricidad/gas natural y sujetos que realizan intervenciones de reducción y mejora en los usos finales de la energía, en el caso de los blancos); las obligaciones y derechos previstos (transformar cada año un porcentaje de su producción de fósil a renovable, para los primeros; obtener el ahorro de una cuota de energía bien definida, para los certificados blancos). QUARANTA, A., «La necessità di promuovere l'efficienza energetica (en normativa)», *Ambiente & sviluppo, n. 8-9*, 1 agosto 2012, p. 757

97. PAROLA, L/ARNONI T/GRANATA S. «I contratti di efficienza energetica. Profili regolamentari e prassi» WK , I Contratti, n. 5, 1 maggio 2015, p. 517.

obligatoria anual asignada a cada distribuidor. Antes del 31 de mayo de cada año, los sujetos obligados deben transmitir al GSE los certificados blancos que acreditan el cumplimiento de los objetivos del año anterior. El GSE verifica que cada sujeto obligado haya adquirido el número de certificados correspondientes a su cuota obligatoria anual. En caso de incumplimiento de los objetivos, la Autoridad de Energía, Redes y Medio Ambiente (AEEGSI) impone sanciones administrativas de acuerdo con la Ley n.º 481, de 14 de noviembre de 1995.

Por tanto, se trata de un régimen que establece la obligación de ahorro de energía primara para los distribuidores de electricidad y gas natural con más de 50.000 clientes que deben justificar mediante el aporte de estos CB. Las actividades de gestión, evaluación y certificación de los ahorros relacionados con los proyectos de eficiencia energética se confían al *Gestore Servizi Energetici* (GSE). La obligación de cada distribuidor está determinada por la proporción entre la cantidad de electricidad y gas natural que suministra y la cantidad total distribuida a nivel nacional por todos los sujetos obligados. Estos pueden cumplir con su cuota obligatoria bien implementando directamente proyectos de eficiencia energética, para los cuales el GSE reconoce los certificados blancos (TEE), o bien adquiriendo los certificados en el mercado de TEE gestionado por el Gestore de Mercados Energéticos (GME), o mediante transacciones bilaterales.

El mecanismo de los certificados blancos fue introducido por dos decretos (los denominados «decretos gemelos») del Ministro de Industria, Comercio y Artesanía, de acuerdo con el Ministro de Medio Ambiente, de 24 de abril de 2001, ambos publicados en el suplemento ordinario n.º 125 del Boletín Oficial n.º 117 de 22 de mayo de 2001, relativos respectivamente a la electricidad y al gas y que definen inicialmente los objetivos obligatorios de ahorro de energía primaria que deben cumplir los distribuidores de electricidad y gas natural que prestaban servicio al menos a 100.000 clientes finales a finales de 2001. Además de establecer estos objetivos, los decretos identifican los tipos de intervención y, por lo tanto, las modalidades mediante las cuales los sujetos obligados pueden cumplir con sus obligaciones: mediante el desarrollo de proyectos propios, en colaboración con terceros (ESCO) o, por último, mediante la compra de títulos de eficiencia energética que certifiquen el ahorro energético logrado por otros sujetos[98]. Al ser modificados, posteriormente, por dos decretos del Ministro de Actividades Productivas de 20 de julio de 2004, ambos publicados en el Boletín Oficial n.º 205 de 1 de septiembre de 2004[99], favoreciendo su entrada en vigor en enero de 2005, se abren las puertas al mecanismo de los certificados blancos, es decir, títulos de eficiencia energética emitidos por el Gestor del mercado eléctrico a favor de los sujetos que han logrado los ahorros energéticos preestablecidos.

El marco normativo inicial dio pie a la aprobación de una serie de instrumentos jurídicos que han participado en la evolución y desarrollos de los certificados. Desde el Decreto Legislativo n.º 115 de 2008, que transpone la Directiva 2006/32/CE y ha introducido importantes novedades en materia de eficiencia en los usos finales y servicios energéticos[100]. O el Decreto del Ministro de Desarrollo Económico de 28 de diciembre de 2012, publicado en el suplemento ordinario n.º 1 del Boletín Oficial n.º 1 de 2 de enero de 2013 (denominado «Decreto de

---

98. BALZANO, S., «Alcune considerazioni in tema di efficienza energetica negli usi finali: le ESCO (Energy Service Companies)», *Foro amm. TAR, fasc.3*, 2009, pag. 929.

99. En 2007 se promulgó un decreto ministerial de revisión y actualización de los decretos de 2004 que, además de ampliar la validez del dispositivo hasta 2012, revisó al alza los objetivos que debían alcanzarse ya en 2008 y 2009, incluyó entre los sujetos obligados a los distribuidores con más de 50.000 clientes e introdujo, para las empresas y organismos que hayan nombrado a un gestor energético, de conformidad con el artículo 19 de la Ley n.º 10/1991, la posibilidad de obtener directamente los títulos de eficiencia por la realización de proyectos. Vid. BALZANO, S., op. cit.

100. Las medidas adoptadas por el Decreto van en la dirección de la constitución de un mercado de servicios energéticos, apostando, entre otras cosas, por la supervisión y el conocimiento como instrumentos fundamentales para la realización de los programas y objetivos.

certificados blancos»), a las correspondientes Directrices EEN 9/11 y el Decreto Legislativo de 4 de julio de 2014, n.º 102, por el que se transpone la Directiva 2012/27/UE del Parlamento Europeo y del Consejo, de 25 de octubre de 2012, sobre la eficiencia energética (denominada «Directiva EED II»). Estas disposiciones introdujeron importantes actualizaciones en cuanto a los ámbitos de aplicación y los sujetos elegibles, así como a los instrumentos operativos para el reconocimiento de los títulos. En particular, el citado decreto legislativo n.º 102 de 2014 había fijado un objetivo de ahorro mínimo acumulado que debía alcanzarse en el período 2014-2020, equivalente a 25,5 millones de TEP de energía final, estableciendo que el mecanismo de los CB debía garantizar el cumplimiento del 60 % de dicho objetivo. Por último, el decreto del Ministro de Desarrollo Económico de 10 de mayo de 2018, publicado en el Boletín Oficial n.º 158 de 10 de julio de 2018, actualizó el decreto del mismo Ministro de Desarrollo Económico de 11 de enero de 2017, publicado en el Boletín Oficial n.º 78 de 3 de abril de 2017, previendo la emisión de dichos títulos negociables como certificación del logro de ahorros en los usos finales de la energía a través de intervenciones y proyectos de aumento de la eficiencia energética[101]. Este Decreto, además, creó la figura de los contratos tipo, a la que nos referiremos más adelante, pero, sin embargo, como se ha manifestado, a pesar de las novedades destinadas a simplificar el mecanismo de los certificados blancos, ha generado una serie de consecuencias negativas y mal aceptadas por los operadores y los representantes de las asociaciones industriales. El contrato tipo tampoco ha sido apreciado en su conjunto por el mercado, ya que contiene cláusulas definidas como «difícilmente aceptables». Entre ellas destacan la prohibición de constituir garantías sobre los certi-

---

101.   Dos años más tarde, se publica el Decreto Directivo del 30 de abril de 2019, se actualizó la lista de proyectos de eficiencia energética admisibles y se aprobó la Guía Operativa, prevista en el apartado 1 del artículo 15 del Decreto del 11 de enero de 2017, destinada a promover la identificación, definición y presentación de proyectos en el marco del mecanismo de Certificados Blancos.

ficados blancos, los supuestos de suspensión de la eficacia y de resolución, y la exención de responsabilidad del G.S.E. por incumplimiento contractual, todas ellas introducidas sin ningún tipo de consulta previa con los representantes de los sujetos obligados a suscribir para la expedición de los C.B[102]. Por lo que a este Decreto siguieron otros en la búsqueda del perfeccionamiento del sistema para el logro de los objetivos comprometidos.

No debe perderse de vista que dichos objetivos que recogen los sucesivos Decretos deben ser coherentes con las previsiones del Plan Nacional Integrado de Energía y Clima (PNIEC), de conformidad con la citada Directiva 2012/27/UE sobre eficiencia energética y el Decreto Legislativo n.º 73, de 14 de julio de 2020.[103]

Por lo que se refiere al mercado de títulos de eficiencia energética, con el Decreto Directoral del 9 de mayo de 2019 se aprobó la Guía operativa para la emisión de Certificados Blancos no derivados de proyectos de eficiencia energética, en la que, entre otras cosas, se aclaró que el Sujeto Obligado a solicitar la emisión de dichos Certificados Blancos debe disponer en su cuenta, a partir de la fecha de solicitud al GSE y hasta la fecha de cumplimiento de la obligación, de un importe de TEE o Certificados Blancos (derivados de la realización de proyectos de eficiencia energética) equivalente al menos al 30 % de los certificados necesarios para cumplir su obligación mínima, equivalente al 60 % de la obligación del año «n». Junto a ello, el Real Decreto de 21 de julio de este año prevé la posibilidad de

---

102. FERMEGLIA, M/LECCIA, «Il contratto tipo per il riconoscimento dei Titoli di Efficienza Energetica: problemi teorici e questioni operative» R Contratto e Impresa, n. 4, 1 octubre 2018, p. 1265.

103. La referencia de todas estas normas que marcan la evolución normativa de los certificados puede encontrarse en el informe para la consulta pública realizada por el Gobierno italiano en relación con los Certificati Bianchi.*Consultazione pubblica per l'aggiornamento del meccanismo dei Certificati Bianchi di cui al decreto ministeriale 11 gennaio 2017 e s.m.i.* Puede consultarse en: https://www.mase.gov.it/portale/documents/d/guest/doc_consultaz_certificati_bianchi-pdf

la emisión de certificados blancos no derivados de la realización de proyectos de eficiencia energética (art.13) que emite el GSE y que pueden ser comprados por los sujetos obligados con unos límites que se detallaran más adelante.

Ya en fechas más recientes y en consonancia con el contexto estratégico nacional y normativo comunitario, Italia ha definido el «Plan Nacional Integrado para la Energía y el Clima» que, entre otras cosas, prevé medidas para reforzar la política de promoción de la eficiencia energética y, el 21 de mayo de 2021 se publicó el Decreto Ministerial que, modificando y actualizando el Decreto Ministerial de 11 de enero de 2017, también determinó los objetivos cuantitativos nacionales de ahorro energético que deben perseguir las empresas de distribución de electricidad y gas para los años 2021-2024. En particular, con el fin de potenciar la eficacia global del mecanismo, el decreto cumple las siguientes funciones:

a) determina los objetivos cuantitativos nacionales de ahorro energético que deben alcanzarse en los años 2017 a 2020 y en el período 2021 a 2024 mediante el mecanismo de los Certificados Blancos, en consonancia con los objetivos nacionales de eficiencia energética y en coordinación con los demás instrumentos de apoyo y promoción de la eficiencia energética previstos en este Estado;

b) determina las obligaciones anuales de aumento de la eficiencia energética de los usos finales de la energía a cargo de los distribuidores de electricidad y gas en el período comprendido entre 2017 y 2020 y para el período comprendido entre 2021 y 2024; establece las disposiciones para la preparación, ejecución y evaluación de los proyectos de eficiencia energética y para la definición de los criterios y modalidades de expedición de los Certificados Blancos;

c) establece las disposiciones para la preparación, ejecución y evaluación de los proyectos de eficiencia energética y para la definición de los criterios y modalidades de expedición de los Certificados Blancos;

d) define la metodología de evaluación y certificación de los ahorros conseguidos y las modalidades de reconocimiento de los Certificados Blancos;

e) identifica a los sujetos que pueden ser admitidos en el mecanismo de los Certificados Blancos y las modalidades de acceso al mismo;

f) introduce medidas para potenciar la eficacia global del mecanismo de los Certificados Blancos, también mediante formas de simplificación administrativa, así como modalidades alternativas o adicionales para la consecución de los resultados y la atribución de los beneficios funcionales para la consecución de los objetivos mencionados en la letra a);

g) actualiza las disposiciones en materia de control y verificación de la ejecución técnica y administrativa de los proyectos admitidos en el mecanismo de Certificados Blancos y el régimen sancionador correspondiente.

El Decreto Ministerial del 21 de mayo de 2021 prevé, además, la posibilidad de revisar los objetivos anuales de ahorro energético y las condiciones para acceder a la emisión de certificados blancos no derivados de la realización de proyectos de eficiencia energética en favor de los sujetos obligados, a la luz de la evaluación periódica de la dinámica característica del mercado de títulos y de los resultados de las sesiones de cancelación.

Posteriormente se han aprobado dos decretos directoriales, el de 3 de mayo de 2022 y el de 4 de mayo de 2023, en los que se ha procedido a la actualización de la Guía operativa para promover la identificación, definición y presentación de proyectos en el marco del mecanismo de Certificados Blancos y la actualización de la lista de proyectos estandarizados admisibles a dicho mecanismo.

A la luz de la reciente evolución del marco normativo nacional y de la Unión, los objetivos de ahorro energético deberán perseguirse y ser coherentes, también a través de la regulación de los certificados blancos, con las previsiones del «nuevo» Plan

Nacional Integrado de Energía y Clima (PNIEC), elaborado y transmitido por Italia a la Comisión Europea en julio de 2024. Entre las medidas reguladas recientemente en el ámbito de los Certificados Blancos hay que tener en cuenta el Plan Estructural Presupuestario a Medio Plazo, aprobado por el Consejo de Ministros el 27 de septiembre de 2024, prevé la adopción de nuevas medidas capaces de apoyar la descarbonización a través de mecanismos virtuosos destinados a respaldar las inversiones privadas. Entre ellas, cabe destacar la creación de un mercado de estos certificados para el sector residencial civil, incluyendo, en su caso, mecanismos de recompensa para las intervenciones realizadas por familias en situación de pobreza energética[104]. Esta previsión requiere la adopción de una norma legal que establezca criterios y directrices específicos para la potenciación del mecanismo de certificados blancos en el sector residencial civil que se encuentra en pleno desarrollo legislativo.

Por último, el pasado mes de julio, se promulgó el «Decreto MASE 21 de julio 2025 Certificati Bianchi» actualiza y sistematiza todo el régimen italiano de certificados blancos (TEE) para el período 2025-2030, definiendo los objetivos y obligaciones nacionales de ahorro energético en los usos finales para el citado periodo[105]. Mantiene básicamente el régimen existente, si

---

104. Vid. ult. supra
105. El art 4 del Real decreto establece lo siguiente:
4. «En los usos finales de la energía eléctrica, los sujetos obligados a que se refiere el artículo 3, apartado 1, letra a), lograrán una reducción del consumo de energía primaria, expresada en número de certificados blancos, según las siguientes cantidades y frecuencias anuales:

a) 0,8556 millones de certificados blancos, que se obtendrán en el año 2025;
b) 1,0416 millones de certificados blancos, que se obtendrán en el año 2026;
c) 1,2276 millones de certificados blancos, que se obtendrán en el año 2027;
d) 1,4136 millones de certificados blancos, que se obtendrán en el año 2028;
e) 1,5996 millones de certificados blancos, que se deben alcanzar en el año 2029;
f) 1,7918 millones de certificados blancos, que deberán obtenerse en el año 2030.

bien clarifica conceptos, incluyendo «contrato tipo», «proyecto admisible», «componente regenerado», y la responsabilidad solidaria entre promotores y titulares de proyectos (arts. 2 a 4). Además, refuerza controles y responsabilidades, con medidas concretas de inspección y/o monitorización por parte del GSE durante toda la vida útil del proyecto, y consecuencias (negación o revocación de incentivos y recuperación de TEE) en caso de fraude, documentación falsa o incumplimientos graves (arts. 9-10). Unido a ello, en la línea ya iniciada por anteriores decretos, regula el mercado de certificados blancos (contratación libre y vía mercado organizado) (art. 15), la no acumulabilidad con otros incentivos salvo casos específicos, pero con una reducción del 50% del TEE (art. 16), e introduce certificados emitidos por el GSE a valor fijo en supuestos de cumplimiento insuficiente de obligaciones mínimas (art. 13). Además, incluye un Anexo con los métodos de cálculo de ahorro energético («a consuntivo» y «standardizzato»), criterios técnicos para proyectos, y condiciones normalizadas para los métodos de certificación de balance y estandarizado. En conclusión, el nuevo decreto sigue manteniendo la consolidación de los certificados blancos como una de la mejores herramientas en la promoción de la EE en Italia, refuerza el principio de responsabilidad solidaria de firmantes y participantes en los proyectos, aporta una mayor claridad en los requisitos y controles

---

5. En los usos finales del gas natural, los sujetos obligados a que se refiere el artículo 3, apartado 1, letra b), obtienen una reducción del consumo de energía primaria, expresada en número de certificados blancos, según las siguientes cantidades y frecuencias anuales:

a) 0,5244 millones de certificados blancos, que deberán obtenerse en el año 2025;

b) 0,6384 millones de certificados blancos, que se obtendrán en el año 2026;

c) 0,7524 millones de certificados blancos, que se obtendrán en el año 2027;

d) 0,8664 millones de certificados blancos, que se obtendrán en el año 2028;

e) 0,9804 millones de certificados blancos, que se deben alcanzar en el año 2029;

f) 1,0982 millones de certificados blancos, que deberán obtenerse en el año 2030».

documentales, incorpora vías alternativas (como emisión de certificados a precio fijo si no se alcanzan los objetivos mínimos), establece penalizaciones claras y progresivas por retrasos en la ejecución o informes, con escalado del porcentaje de reducción de TEE reconocidos según el plazo de retraso, así como normas concretas de compatibilidad con otras medidas.

2. EL SISTEMA DE CERTIFICADOS BLANCOS

El mecanismo de los certificados blancos, en vigor desde 2005, desempeña un papel fundamental en la consecución de los objetivos de eficiencia energética en Italia. Considerados como títulos negociables que certifican el logro de ahorros en el uso final de la energía a través de intervenciones y proyectos de aumento de la eficiencia energética, son el principal mecanismo de incentivo de la eficiencia energética en los sectores industrial, de infraestructuras de red, servicios y transportes, pero también se aplican a intervenciones realizadas en el sector civil y a otras medidas de comportamiento. En sus inicios su implementación se produjo en el sector civil (residencial, terciario y agrícola) pero empezó a virar hacia la industria a partir del año 2010. Inicialmente, era el cambio de lámparas fluorescente compactas lo que más se certificaba, representando hasta el 50% acumulado de los ahorros entre 2005 y 2010. Sin embargo, poco a poco la Agencia fue endureciendo sus requisitos hasta su exclusión del sistema en 2011. Mientras que la industria pasó de emitir un 6% de certificados en 2006 a un 62% en 2015.

El GSE tiene la tarea de evaluar los proyectos de eficiencia energética presentados por los operadores, admitirlos en el sistema de incentivos de los Certificados Blancos y, en caso de detectarse infracciones, adoptar las medidas sancionadoras previstas en el artículo 10 del Decreto de 21 de julio de 2025. El mencionado GSE reconoce un certificado por cada TEP de ahorro conseguido gracias a la realización de la intervención de eficiencia energética. Y, por indicación del GSE, los certificados son emitidos por el Gestor de Mercados Energéticos (GME) en cuentas específicas. Gracias a esto, los certificados blancos pueden intercambiarse y valorizarse en la plataforma de mercado gestionada por el GME o mediante negociaciones bilaterales. Para poder intervenir en dicho mercado, todos los sujetos admitidos en el mecanismo deben inscribirse en el Registro Electrónico de Títulos de Eficiencia Energética del GME.

i. *Sujetos partícipes*

Como ya se ha adelantado, el sistema establece obligaciones de ahorro de energía primaria para los distribuidores de electricidad y gas natural con más de 50.000 clientes finales (los «sujetos obligados») y asigna, para cada año, los objetivos que deben alcanzar.

Los sujetos obligados pueden cumplir con la cuota de ahorro obligatoria de dos maneras: bien realizando directamente los proyectos de eficiencia energética admitidos en el mecanismo, o bien, comprando los títulos a otros sujetos admitidos en el mecanismo, es decir, otros distribuidores, ESCO certificadas[106] o usuarios finales públicos o privados, hasta alcanzar la correspondiente cuota exigida[107].

---

106. Acrónimo de Empresas de Servicios Energéticos. el Decreto n.º 115/2008 ofrece por primera vez una definición precisa de ESCO, identificándose como la persona física o jurídica que presta servicios energéticos u otras medidas de mejora de la eficiencia energética en las instalaciones o locales del usuario y, al hacerlo, acepta un cierto margen de riesgo financiero: el pago de los servicios prestados está relacionado con la mejora de la eficiencia energética conseguida y con la consecución de los demás objetivos de rendimiento establecidos.

En el marco de esta normativa, las ESCO desempeñan un papel fundamental como instrumento de aplicación del mecanismo de FTT (Financiación a través de terceros): de hecho, en este caso, una empresa de servicios energéticos puede actuar como tercero, proporcionando el capital para la aplicación de la medida de mejora energética y cobrando al beneficiario una cuota equivalente a una parte del ahorro energético conseguido gracias a dicha medida. Vid. BALZANO, S. op. cit.

107. Vid. VIVANI, C., «Efficienza e transizione energetica nelle novità normative», Ambiente & sviluppo 8-9/2020.

Junto con los obligados, la normativa reconoce a los sujetos beneficiarios o voluntarios. Generalmente se trata de empresas de servicios energéticos (ESCO) o empresas que hayan nombrado a un experto en gestión energética (EGE) y que esté certificado. Éstos realizan intervenciones de eficiencia energética ciertas y medibles se les expide una cantidad de certificados blancos igual al ahorro de energía realizado (recordamos que en Italia también un certificado por cada TEP, tonelada equivalente de petróleo ahorrada)[108]. En definitiva, los sujetos voluntarios son todos los operadores que deciden libremente llevar a cabo intervenciones de reducción del consumo en los usos finales de la energía y a los que se les reconoce el derecho a recibir la cantidad correspondiente de certificados blancos.

En el mecanismo de títulos de eficiencia energética en Italia, en los que intervienen ESCOS podemos citar como ejemplo a las empresas de cogeneración de alto rendimiento. Una planta de cogeneración utiliza tecnología de alta eficiencia que genera electricidad y recupera el calor residual para generar energía térmica. Por lo tanto, un solo sistema puede generar electricidad, calefacción, refrigeración y agua caliente sanitaria. La principal ventaja de este tipo de sistemas es claramente el ahorro energético ya que optimizando los procesos de generación de energía y recuperación de calor se consiguen rendimientos de eficiencia energética muy elevados. Por tanto, el ahorro se refleja también en las facturas: las plantas de cogeneración necesitan aproximadamente un 30% menos de combustible que la generación separada[109].

---

108. Vid. Quaranta, A., «La necessità di promuovere l'efficienza energetica (en normativa)», *Ambiente & sviluppo, n. 8-9*, 1 agosto 2012, p. 757.

109. Otro beneficio clave de la cogeneración es la fiabilidad: dado que el destino principal de la energía generada es el autoconsumo, se reduce el riesgo de interrupción del ciclo productivo cuando se producen pérdidas en las redes eléctricas normales. Por la misma razón, quienes se benefician de esta tecnología están menos sujetos a la especulación y a las fluctuaciones repentinas en el costo del combustible.

Las plantas de cogeneración destinadas a la administración pública, en particular en lugares como hospitales, polideportivos y dependencias municipales, constituyen una buena oportunidad para beneficiarse de los Certificados Blancos. Es una de las posibilidades que se especifican en la Directiva Europea 2004/CE, y para acceder al incentivo de los Certificados Blancos, la planta de cogeneración debe haber conseguido un ahorro de energía primaria de al menos el 10% o, en el caso de una planta de cogeneración pequeña con una potencia inferior a 50 kWe, demostrar un valor de ahorro positivo.

Para estas unidades, la cantidad de Certificados Blancos emitidos equivale al 30 % de la requerida para los otros dos tipos. Cada año, el operador puede optar por solicitar la liberación de los Certificados Blancos adeudados en su cuenta de propiedad en el registro de valores (TEE) de la GME o por su recogida por la GSE.

La solicitud de acceso al mecanismo de Certificados Blancos para cogeneración sólo pueden presentarla una ESCO certificadas según la UNI 11352, u otras entidades especializadas en posesión de los requisitos previstos en la norma (Empresas con Experto en Gestión Energética - EGE certificado según la UNI 11339 o Empresas con sistema de gestión certificado ISO 50001).

La única desventaja de la cogeneración es el coste, que la hace ventajosa sólo para aquellas empresas con un consumo energético muy elevado, como las grandes empresas manufactureras. Se trata pues de una inversión inimaginable tanto para una vivienda como para un pequeño edificio, pero extremadamente válida para los complejos industriales, especialmente si se aprovechan los Certificados Blancos capaces de reducir concretamente el Payback (tiempo de amortización de la inversión).

El periodo de recuperación de esta inversión depende del número de horas de uso del sistema. Para una empresa mediana, es de unos seis años, pero puede ser de hasta tres años si el consumo es mayor, según estimaciones de empresas especializadas en eficiencia energética como RIESCO, https://www.ri-esco. it/certificati-bianchi-cogenerazione/#:~:text=dell'investimento).-,Certificati%20 Bianchi%2C%20l'incentivo%20a%20sostegno%20della%20cogenerazione,un%20 valore%20positivo%20di%20risparmio.

Esta solicitud debe cumplir todas las directrices establecidas por el GSE y contener una documentación extensa y detallada: un informe de aprobación técnica con las características completas del sistema, una descripción de los métodos de medición y criterios utilizados para determinar el ahorro, un diagrama de funcionamiento del sistema, una determinación de la energía térmica útil cogenerada y de la energía de entrada a la unidad (incluyendo sondas de presión y temperatura), un cronograma de ejecución del proyecto, un plano de planta, etc.

Dada la complejidad de los documentos que deben presentarse, la tasa de rechazo de solicitudes es notoriamente alta. Para complicar aún más el acceso al mecanismo, se encuentran las estafas perpetradas contra la GSE, que han intensificado aún más los controles por parte de la propia GSE[110].

ii. El mercado de los títulos de eficiencia energética

Estos títulos son libremente negociables en el mercado gestionado por el GME (*Gestore del mercato elettrico*, Gestor del mercado eléctrico) a favor de los distribuidores de electricidad y gas y de las empresas que operan en el sector de los servicios energéticos con el fin de certificar el ahorro energético conseguido a través de intervenciones y proyectos (por ejemplo, nuevas instalaciones de iluminación o de calefacción urbana) destinados a aumentar la eficiencia energética en los usos finales.

Cada título tiene un valor equivalente a un TEP y se pueden identificar tres tipos: Los que certifican el ahorro mediante intervenciones para la reducción del consumo final de electricidad, los que certifican el ahorro mediante intervenciones para la reducción del consumo de gas natural y los que certifican el

---

110.   Sobre las que puede obtener más información en este artículo «Estafas de Certificados Blancos». https://www.ri-esco.it/certificati-bianchi-cogeneraz ione/#:~:text=dell'investimento).-,Certificati%20Bianchi%2C%20l'incentivo%20 a%20sostegno%20della%20cogenerazione,un%20valore%20positivo%20di%20risparmio

ahorro mediante intervenciones relacionadas con otros combustibles.

A su vez existen distintos modos de certificar; así, hay sistemas objetivos de ahorro estimado, otros proyectos pueden acogerse a un seguimiento simplificado, otros a planes de seguimiento, y, por último, para grandes proyectos a partir de 2012 se estableció un procedimiento específico de certificación.

Junto a éstos, encontramos los certificados blancos no derivados de la realización de proyectos de eficiencia energética, regulados en el 13 del Decreto de 21 de julio de 2025. Este artículo permite que, a favor y a petición expresa de los sujetos obligados, el GSE emitirá certificados blancos no derivados de la realización de proyectos de eficiencia energética, con un valor unitario de 10 euros, a partir del 15 de mayo de cada año y hasta la expiración del año de obligación correspondiente. Éstos pueden cederse a los sujetos obligados para que puedan cumplir con su obligación mínima establecida que como establece el art. 4.9 es de un 60% de las obligaciones establecidas para el año siempre que se compense en los dos años siguientes. Ahora bien, se establece un límite mínimo de certificados que deben haber sido obtenidos a través de certificados blancos derivados de proyectos para cada anualidad. En concreto, para el año de obligación 2025, el 40 % de la obligación mínima que les corresponde, porcentaje que va aumentando para que esta posibilidad se acabe convirtiendo en mínima, un 20%, en el año 2030[111]. Resulta curioso que, si nos paramos a anali-

---

111. En concreto se establece por el art. 13.2 lo siguiente:

a) «para el año de obligación 2025, al 40 % de la obligación mínima que les corresponde;

b) para el año de obligación 2026, al 50 % de la obligación mínima que les corresponde;

c) para el año de obligación 2027, al 60 % de la obligación mínima que les corresponde;

d) para el año de obligación 2028, al 70 % de la obligación mínima que les corresponde;

e) para el año de obligación 2029, al 80 % de la obligación mínima que le corresponde».

zar esta posibilidad de manera detenida, podemos atribuirle cierta naturaleza tributaria. Si tenemos en cuenta que se establece un mecanismo para obtener certificados sin actuación de eficiencia energética que los respalde a cambio de precio, estamos ante una manifestación del principio quién contamina paga de una manera indirecta. Como el sujeto obligado no puede justificar suficientes ahorros le ofrezco pagar para cumplir son sus obligaciones. De alguna manera se relaja los objetivos de ahorro toda vez que permito el uso de estos instrumentos.

Por lo tanto, el GSE es el encargado de verificar los ahorros mientras que el GME emite los certificados y a su vez organiza y gestiona el mercado de certificados blancos, si bien nada impide, como establece el artículo 15 del Decreto citado que los CB sean objeto de libre negociación. Los certificados que se venden por los distribuidores son aquellos que provienen o bien de sujetos obligados que con sus proyectos alcanzan un ahorro superior a sus objetivos anuales o bien por las ESCO (que los han obtenido mediante proyectos autónomos y que, al no tener obligaciones directas de ahorro que cumplir, tienen la posibilidad de obtener beneficios en el mercado) y son comprados por los distribuidores que con sus actividades realizan un ahorro inferior al que deberían alcanzar[112].

Además, las entidades inscritas en el registro de certificados blancos o admitidas en el mercado de certificados blancos están obligadas a comunicar al GME las participaciones que poseen en el capital social de otras entidades inscritas en el registro de certificados blancos o admitidas en el mercado de certificados blancos, facilitando la lista con la indicación nominativa de las sociedades participadas y el valor porcentual de cada una de dichas participaciones.

---

112. BALZANO, S., «Alcune considerazioni in tema di efficienza energetica negli usi finali: le ESCO (Energy Service Companies)», *Foro amm. TAR, fasc.3,* 2009, pág. 929.

iii. El contrato tipo

Algunos problemas de aplicación, relacionados fundamentalmente con la especulación, llevaron a proponer la articulación de los contratos tipo que se regularon en el 2017[113]. El «contrato tipo» es un modelo de contrato estandarizado que se utiliza para regular las operaciones de compraventa de los certificados entre los diferentes agentes del mercado, especialmente entre sujetos obligados (distribuidores de energía) y sujetos voluntarios o entidades que han generado ahorros energéticos reconocidos.

El reciente Decreto de 21 de julio define a el mismo (art.2.e)) como el contrato que regula las relaciones entre el proponente, el titular del proyecto (si es diferente del proponente) o los varios titulares en los casos contemplados por la norma, y el *Gestore dei servizi energetica* – GSE S.p.a. (GSE) a efectos de la expedición de certificados blancos. El objetivo principal de este contrato tipo es ofrecer una base jurídica clara, homogénea y eficiente para facilitar el intercambio de certificados blancos, reduciendo riesgos legales y de interpretación entre las partes.

Como ha quedado descrito el sistema CB resulta ser muy efectivo para garantizar las actuaciones de eficiencia energética. Ya en sus inicios demostró ser un sistema eficaz, como bien ponía de manifiesto la IEA en 2017[114], al afirmar que la primera fase del programa, que tuvo lugar desde 2005 hasta 2012, costó 172 millones de euros al año y generó ahorros de energía de aproximadamente 35 GWh anuales. El coste del programa se calculó en 0,005 EUR por cada kilovatio/hora (kWh) ahorrado. El precio promedio de un certificado fue de 96,53 EUR y se emitieron más de 23 millones de certificados. El Decreto

---

113.   Vid. FERMEGLIA, M/LECCIA,»Il contratto tipo per il riconoscimento dei Titoli di Efficienza Energetica: problemi teorici e questioni operative» *R Contratto e Impresa*, n. 4, 1 ottobre 2018, p. 1265.

114.   IEA (2017), Energy Policies of IEA Countries: Italy 2016, Energy Policies of IEA Countries, IEA, Paris, https://doi.org/10.1787/9789264239272-en.

28/12/2012, que entró en vigor en enero de 2013, lanzó la fase 2013-2016 del esquema CB. Esta nueva fase introduce recompensas para grandes proyectos industriales e infraestructurales capaces de generar ahorros de al menos 35.000 GWh al año. ENEA estima que la fase dos del esquema CB llevará a cabo inversiones en eficiencia energética valoradas en más de 20.000 millones de euros hasta 2016, con un coste de 3.000 millones de euros y ha seguido su camino hasta la actualidad.

Podríamos sintetizar el sistema de los certificados en el siguiente esquema:

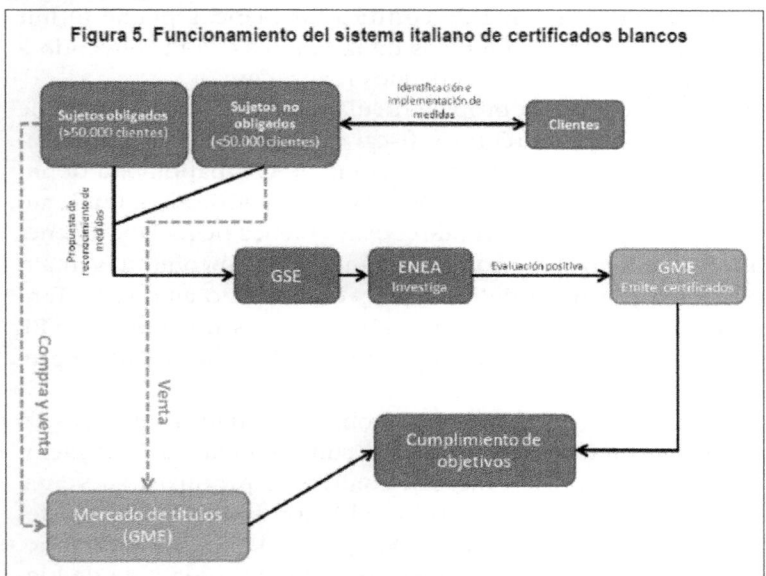

Figura 5. Funcionamiento del sistema italiano de certificados blancos

Fuente: Saenz De Miera, G/Muñoz-Rodriguez, M.A/ Guerenabarrena, A «Reflexiones sobre los esquemas de obligaciones de ahorro energético (certificados blancos) en Europa». Economics for energy, wp 12/2013 (disponible en: https://eforenergy.org/docpublicaciones/documentos-de-trabajo/WP12-2013.pdf)

3. CUESTIONES TRIBUTARIAS Y ACUMULABILIDAD CON OTROS INCENTIVOS

Las implicaciones fiscales de los certificados blancos se refieren principalmente al tratamiento de los ingresos derivados de su venta, que constituyen una fuente de ingresos adicional, pero no están exentos de restricciones específicas, como la imposibilidad de acumularlos con otros incentivos estatales y la posibilidad de una reducción del número de títulos en caso de acumulación con otras ayudas locales, regionales o comunitarias. Además, la venta de certificados blancos puede influir positivamente en los ingresos de la empresa, contribuyendo a la amortización de las inversiones realizadas.

Ahora bien, por la propia articulación del sistema, no puede decirse que haya un régimen fiscal especial o alguna particularidad reseñable, más allá del sistema de compatibilidad de incentivos que mencionaremos a continuación. El tratamiento fiscal depende de su naturaleza como bienes negociables generadores de ingresos o costes en función de su compra, venta o utilización por parte de los sujetos obligados o empresas. Tanto las operaciones de adquisición como las de venta de TEE quedan sujetas a la fiscalidad ordinaria de la actividad empresarial en Italia.

En relación con el Impuesto sobre Sociedades serán gastos deducibles cuando se destinen al cumplimiento de obligaciones de ahorro o bien ingreso cuando se produzca su venta. Con respecto al Impuesto sobre el Valor Añadido, las transferencias de TEE están sujetas a IVA, gravándose a tipo ordinario, pues se consideran prestaciones de servicios o entrega de bienes intangibles en el ámbito del comercio energético según la *Agenzia delle Entrate* italiana. Por su parte, el IVA soportado en la adquisición puede deducirse, en principio, por sujetos pasivos cuando esté ligado a la actividad económica que genera el derecho a deducción.

Mención expresa debemos realizar acerca del impuesto sobre el tonelaje para las_empresas que se acogen al régimen de éste (impuesto a tanto alzado sobre el tonelaje para las compañías navieras), los ingresos derivados de la venta de certificados blancos pueden estar sujetos al mismo régimen fiscal. Por otro lado, el art. 10, apartado 1, del D.M. 11 de enero de 2017 ya estableció un régimen de incompatibilidad que se ha mantenido y reforzado hasta la última redacción producida el pasado 21 de julio que en su artículo 16 se establece que 2017 no pueden acumularse con otros incentivos, cualquiera que sea su denominación, a cargo de las tarifas de electricidad y gas, ni con otros incentivos estatales destinados a los mismos proyectos. Sin embargo, de conformidad con las respectivas normas operativas y dentro de los límites previstos y permitidos por la normativa europea, los certificados blancos son acumulables con fondos de garantía y fondos rotatorios; subvenciones en cuenta de intereses o contribuciones en el marco de las actividades relacionadas con la ejecución de contratos institucionales de desarrollo o contratos de desarrollo en el marco de proyectos de aplicación del PNRR o en el marco de inversiones subvencionadas con recursos del Fondo de Apoyo a la Transición Industrial, si bien en estos casos el número de certificados blancos correspondientes en virtud del presente decreto se reduce en un 50 %.

Respecto a las desgravaciones fiscales de los ingresos empresariales y créditos fiscales para la adquisición de maquinaria y equipos se declara su compatibilidad si bien con una reducción del 50% de los certificados blancos a los que da derecho.

Es decir, si una empresa solicita certificados blancos para un proyecto de eficiencia energética, no puede recibir simultáneamente otros incentivos públicos financiados por las tarifas de electricidad y gas ni otros incentivos estatales para el mismo proyecto. Sin embargo, sí puede combinar los certificados con ciertos beneficios específicos (fondos de garantía, fondos rotatorios, subvenciones de intereses, desgravaciones fiscales o créditos fiscales para maquinaria), pero en esos casos se le reducirá a la mitad el número de certificados reconocidos. Supongamos que una empresa instala una nueva maquinaria eficiente en su fábrica y, por este proyecto, tiene derecho a

1.000 certificados blancos según el ahorro energético calculado. Si la empresa también solicita un crédito fiscal para la compra de esa maquinaria (crédito fiscal estatal), podrá tener ambos beneficios, pero solo se le reconocerán 500 certificados blancos en lugar de los 1.000 previstos inicialmente. Así se evita que la empresa obtenga plena financiación duplicada por el mismo ahorro, limitando el incentivo total.

III.

LOS CERTIFICADOS DE AHORRO EN FRANCIA, ITALIA Y ESPAÑA ¿QUÉ PODEMOS APRENDER DE LA EXPEREINCIA COMPARADA?

El sistema de Certificados de Ahorro Energético en España se ha inspirado fundamentalmente en el modelo francés, adoptando sus principios fundamentales, mientras que con el sistema italiano se remarcan diferencias más notables en el mercado de los certificados. Como el de España es un sistema más joven, se encuentra en una fase de desarrollo y adaptación, buscando aprender de la experiencia francesa para optimizar su implementación y alcanzar sus propios objetivos de eficiencia energética.

Análisis Comparativo:

Tabla de las principales similitudes y diferencias entre los sistemas de CAE en Francia y España:

Característica	Francia (CEE)	España (CAE)	Italia (TEE)
Antigüedad del sistema	Pionero en Europa (desde 2006).	De reciente implementación (marco normativo principal de 2023).	Pionero en Europa (2005)

Objetivos de ahorro	Establece objetivos nacionales de ahorro energético significativos para los sujetos obligados, con periodos definidos (período vigente 2022-2025). Incluye objetivos específicos para la «precariedad energética».	Establece objetivos nacionales de ahorro energético para los sujetos obligados. El porcentaje de posibilidad de cumplimiento vía CAE ha ido aumentando progresivamente (40% en 2023, 65% en 2024, 80% en 2025).	En el periodo 2012-2020 en Italia se alcanza un 91% de los objetivos de ahorro del que el 36% se corresponde con TEE. Para el periodo 2021-2030 el objetivo es de 110, 5 TWh.
Sujetos Obligados	Principalmente comercializadoras de energía.	Principalmente comercializadoras de energía, combustibles y gas licuado.	Distribuidores de electricidad y gas natural con más de 50.000 clientes finales
Sujetos delegados	Figura consolidada y activa, son empresas autorizadas para gestionar y validar las actuaciones.	Figura establecida, entidades que pueden actuar en nombre de los sujetos obligados para la gestión de los CAE.	Se denominan sujetos beneficiarios o voluntarios. Generalmente se trata de empresas de servicios energéticos (ESCO) o empresas que hayan nombrado a un experto en gestión energética (EGE)
Actuaciones estandarizadas (Fichas)	Amplio catálogo de fichas estandarizadas de medidas de eficiencia energética, muy detalladas y con un largo recorrido. Decreto del 22 de diciembre de 2014 que define las operaciones estandarizadas de ahorro energético)	Catálogo inicial de medidas estandarizadas aprobado (Orden TED/845/2023). Se ha ido ampliando y se seguirá haciendo y adaptando con el tiempo.	Se establecen cuatro tipos de actuaciones: - Sistemas objetivos de ahorro estimado. - Proyectos de seguimiento simplificado - Planes de seguimiento, - Grandes proyectos a partir de 2012 se estableció un procedimiento específico de certificación (no estandarizado)

Certificación/ Verificación	Sistema maduro de verificación por terceros para asegurar la consecución real del ahorro.	Proceso de verificación por entidades acreditadas (Verificadores de Ahorro Energético) para garantizar la veracidad de los ahorros.	El GSE (*Gestore dei Servizi Energetici*) es el encargado de verificar los ahorros mientras que el GME (*Gestore del mercato elettrico*) emite los certificados
Monetización del ahorro	Permite monetizar el ahorro energético, lo que puede suponer una recuperación de parte de la inversión para el «propietario del ahorro». Las primas CEE son un pago directo a cambio del ahorro de energía.	Permite monetizar el ahorro energético. El propietario del ahorro puede cederlo a un sujeto obligado o delegado a cambio de una contraprestación económica.	Estos títulos son libremente negociables en el mercado gestionado por el GME a favor de los distribuidores de electricidad y gas y de las empresas que operan en el sector
Plazos de tramitación	Generalmente, se reportan plazos de tramitación eficientes para el cobro del incentivo (ej. entre 2 y 6 meses).	Se busca agilizar los plazos de tramitación, con el objetivo de ser más rápidos que otras ayudas públicas (se menciona un objetivo de 35 días en algunos casos).	30 días para nombramiento de un responsable de GSE que en 90 días más debe comunicar el resultado y 45 días para modificaciones de proyectos ya presentados con anterioridad
Enfoque social	Incorpora un componente social importante, con «CAE precariedad» (*CEE précarité*) dedicados específicamente a hogares vulnerables. Este es un área donde España busca inspirarse.	Se contempla la creación de un «CAE social» similar al modelo francés para abordar la precariedad energética.	Prioridad a la industria, endurecimiento para luchar contra el fraude

Mercado de CAE	Mercado más consolidado y maduro de compraventa de CAE, con precios establecidos y una mayor liquidez.	Mercado en desarrollo y crecimiento. Se espera que la compraventa de CAE sea un mecanismo clave para el cumplimiento de las obligaciones.	Mercado de certificados de ahorro y Mercado de certificados blancos.
Compatibilidad con otras ayudas	Compatible con otras ayudas, lo que aumenta la financiación disponible para proyectos de eficiencia energética (ej. *Coup de pouce*).	Sistema voluntario y compatible con otras ayudas (ej. Fondos Next Generation), aunque el sistema CAE busca ser más ágil en el retorno económico.	Son acumulables con fondos de garantía y fondos rotatorios; subvenciones en cuenta de intereses o contribuciones en el marco de las actividades relacionadas con la ejecución de contratos institucionales de desarrollo o contratos de desarrollo en el marco de proyectos de aplicación del PNRR o en el marco de inversiones subvencionadas, desgravaciones fiscales de los ingresos empresariales y créditos fiscales para la adquisición de maquinaria y equipos, si bien en los dos últimos casos el número de certificados blancos correspondientes en virtud del presente decreto se reduce en un 50 %.

Francia e Italia, desde su condición de pioneros en el establecimiento de un certificado de ahorro energético, tienen un sistema mucho más maduro y consolidado, con más de 15 años de experiencia. Esto se traduce en un mercado más líquido, un catálogo de actuaciones estandarizadas más amplio y detallado, y una mayor experiencia en la gestión y verificación de los ahorros. España, en cambio, está en las fases iniciales de desarrollo y consolidación de su sistema.

Durante los dos últimos períodos, Francia ha integrado de forma explícita un componente social en sus CEE, destinando una parte de los objetivos de ahorro a la lucha contra la precariedad energética. Sería interesante que España reconociera la importancia de este aspecto y esté trabajando en la implementación de un «CAE social» similar.

En ambos países, los porcentajes de cumplimiento de la obligación a través de los Certificados han sido progresivos, permitiendo una adaptación gradual del mercado. Francia se ha mostrado más ambiciosa, alcanzando un volumen significativo de CEE, aunque, al mismo tiempo ha puesto de manifiesto algunas debilidades del sistema en relación con actuaciones fraudulentas y el incremento de los costes en operaciones de ahorro energético repercutido a los consumidores finales.

Por lo que se refiere a los aspectos fiscales, ambos países se encuentran en una situación en la que el sistema tributario se está consolidando y adaptando a este instrumento. Si bien es cierto que, el sistema francés de CEE, al ser más maduro, tiene una fiscalidad más establecida, aunque siempre sujeta a interpretaciones específicas y casos particulares, condición que define al ordenamiento jurídico tributario.

En el mercado primario, las principales similitudes, en ambos países, las encontramos en el tratamiento de la contraprestación económica por el ahorro energético que es considerado una renta sujeta a gravamen para quien lo genera. Por tanto, en el caso de las personas jurídicas, formará parte de la base imponible del Impuesto sobre Sociedades y, para las personas físicas, formará parte del ámbito del Impuesto sobre la Renta. En este mismo ámbito de imposición personal de la renta o beneficios, el coste de adquisición de los certificados para los sujetos obligados o delegados es un gasto deducible para quien los adquiere y utiliza para cumplir con su obligación.

Sin embargo, la aplicación del IVA en este mercado primario es la que pone de manifiesto las principales diferencias.

Mientras que en Francia la prima obtenida por el certificado por el beneficiario o generado del ahorro se considera una subvención para la financiación de un proyecto, en España es calificada como una prestación de servicios sujeta al IVA. Quiere decir que, en el caso de Francia, las primas CEE no se consideraban directamente la contrapartida de una operación de venta o prestación de servicios por parte del beneficiario hacia el obligado en el sentido estricto del IVA. Se les ha visto más como una ayuda a la inversión o a la financiación de la operación de ahorro energético que como el precio de un servicio lo que las deja fuera del ámbito de aplicación del IVA, al contrario de lo que ocurre en España. La lógica del país galo es que el beneficiario realiza la obra para sí mismo, y la prima es un incentivo para esa inversión, no el pago por un servicio de «generación de ahorro» al obligado, con la que estamos de acuerdo.

En el régimen fiscal del mercado secundario de los países hay una total coincidencia en el tratamiento de la venta de los certificados. Para el vendedor, la contraprestación es una renta gravada en el correspondiente impuesto sobre la renta personal y a su vez, dicha transmisión está sujeta al tipo general del IVA. En el caso del comprador, la adquisición del certificado se considera un gasto deducible, y el IVA repercutido será igualmente deducible en su liquidación, siempre y cuando se cumplan los requisitos generales de deducibilidad del impuesto (vinculación con actividad económica sujeta y no exenta, etc.).

El sistema francés, al llevar más tiempo en funcionamiento, tiene una casuística jurisprudencial del *Conseil d'État* más amplia, lo que aporta mayor seguridad jurídica en muchos aspectos. En España, aunque ya se han emitido una consulta vinculante, el régimen fiscal está aún «asentándose» y puede requerir más aclaraciones a medida que el mercado de CAE se desarrolle.

Por lo que respecta a Italia, el marco normativo italiano en el ámbito de la transición energética se ha revelado como inestable y confuso que no favorece la confianza de los operadores en los sistemas de incentivos y el crecimiento de las inversio-

nes en los sectores de la eficiencia y la producción de energía
a partir de fuentes renovables.

La falta de claridad, la falta de coherencia y la inestabilidad
de las normas relativas tanto a los requisitos y condiciones
para la incentivación de la eficiencia energética y la producción de energía a partir de fuentes renovables como a los controles correspondientes no pueden sino tener un impacto ne-
gativo en la consecución de los objetivos previstos por la
Unión, ya que desalientan las inversiones en estos sectores y
contribuyen al aumento de los costes de su financiación.

En este contexto, la propia Autoridad se ha comprometido
a aumentar la eficacia del mecanismo de certificados blancos
actualmente en vigor para la eficiencia energética, a la espera
de que se garantice la claridad y la estabilidad del modelo de
gobernanza global del mismo y la unidad y coherencia de la
acción global de regulación técnica y económica del sistema,
tanto para alcanzar los objetivos nacionales de ahorro de energía primaria ya fijados por la normativa, como para alcanzar
los objetivos a medio y largo plazo previstos por las directivas
europeas.

En particular, la Autoridad tiene la intención de actualizar la
regulación técnica del sistema con el fin de aumentar, sin alterar el coste para el país, los incentivos a las nuevas inversiones
en las tecnologías más estructurales que producen los mayores
ahorros a lo largo de su vida técnica, así como de proteger los
intereses de los consumidores finales, también en lo que se
refiere a la necesidad de garantizar la promoción únicamente
de las intervenciones capaces de generar ahorros energéticos
reales, verificables y adicionales; estimular la oferta de servicios energéticos cualificados a los consumidores, promoviendo
también el desarrollo de nuevos modelos contractuales y de
negocio, de forma análoga a lo que está ocurriendo en otros
países; perfeccionar la normativa vigente con el fin de prevenir
comportamientos especulativos por parte de los operadores
del mercado de certificados blancos, que tendrían el efecto de

aumentar el coste total del mecanismo con el mismo ahorro energético conseguido[115].

Por último, insistimos en que los sistemas de Certificados de Ahorro Energético (CEE) en Francia, España e Italia presentan importantes diferencias y particularidades que reflejan sus respectivos contextos y enfoques hacia la transición energética. Francia, como pionera en este ámbito, ha consolidado un sistema más maduro y estable, destacándose por la integración de un componente social en sus objetivos de ahorro energético y un mercado secundario bien estructurado. La experiencia francesa ha permitido identificar y corregir deficiencias, como los fraudes y el aumento de los costos para los consumidores, lo que resalta la importancia de la evolución continua del sistema.

España, por su parte, se encuentra en etapas iniciales de desarrollo, pero está avanzando en la consolidación de su marco normativo y fiscal. Si bien su sistema está en proceso de adaptación, el enfoque en el IVA y la calificación de las primas CEE como prestaciones de servicios resalta las diferencias fiscales con Francia. Y, respecto a Italia, la comparativa se plantea compleja pues se establece un sistema distinto desde su concepción inicial ya que los certificados es algo obligatorio en un porcentaje de aportación y no alternativo. Realmente en el ámbito de tratamiento fiscal puede decirse que existen ciertas diferencias, por la propia articulación de cada país, aunque no son grandes las distancias.

Italia, en comparación, a pesar de ser también pinera como Francia, enfrenta un panorama más incierto debido a la falta de estabilidad normativa, lo que ha generado desconfianza en los operadores y ha dificultado el crecimiento de las inversiones en eficiencia energética y energías renovables. A pesar de la intención de la Autoridad de mejorar la eficacia del sistema de certificados blancos, la incertidumbre sobre el marco regulato-

---

115. Quaranta, A., «La necessità di promuovere l'efficienza energetica (en normativa)», *Ambiente & sviluppo, n. 8-9*, 1 agosto 2012, p. 757

rio continúa siendo un obstáculo para alcanzar los objetivos de ahorro energético establecidos a nivel nacional y europeo.

En valoración global creemos que este tipo de certificados, sin duda, son un buen incentivo en el fomento de le eficiencia energética tan necesaria en la consecución de los objetivos de ahorro comprometidos por cada uno de los países. Nos resulta muy interesante, la posibilidad de implementar un «CAE social» ya que podría convertirse en una vía importante para abordar la pobreza energética y mejorar la equidad en el acceso a los beneficios del ahorro energético. Algo que ya ha integrado de forma explícita Francia, que España se plantea y que, sin embargo, Italia, sólo parece mencionar. Si bien se contempla en el último desarrollo normativo de julio de 2025.

IV.

BIBLIOGRAFÍA

AAVV, «Détermination du résultat - Extension du champ d'application du dispositif d'étalement des subventions [BIC / IS] - Commentaire», Droit fiscal n° 1-2, 5 janvier 2023, comm. 16.

AAVV, (Dir GALLONI, G.), *Diritto e Giurisprudenza agraria, alimentare e dell'ambiente*, Edición Tellus, marzo 2011.

ADEME, L'intégration d'une composante carbone dans le dispositif des Certificats d'économies d'énergie (CEE), Agencia de la Transición Ecológica.

BALZANO, S., «Alcune considerazioni in tema di efficienza energetica negli usi finali: le ESCO (Energy Service Companies)», *Foro amm. TAR*, fasc.3, 2009, pag. 929.

BERTRÁN GIRÓN, M «Rediseñando el impuesto especial sobre la electricidad desde la economía circular» en GARCIA CARACUEL, M (dir)Retos de la empresa: digitalización y transición justa a la economía circular. Aterlier. 2024. (https://atelieropenaccess.com/products/retos-de-la-empresa-digitalizacion-y-transicion-justa-a-la-economia-circular) págs. 323-348.

BERTRÁN GIRÓNm, M. «Los certificados de ahorro energético como mecanismo de financiación en la rehabilitación de inmuebles y su tratamiento fiscal» en PATÓN GARCÍA, G(dir) *Fiscalidad y economía circular: Sectores estratégicos de vivienda y transporte*, 2024, ISBN 978-84-10174-27-6, págs. 145-158.

CIAVALDINI, K., «Taxe foncière sur les propriétés bâties - La contribution financière d'un fournisseur d'énergie aux travaux de rénovation d'un organisme d'HLM constitue une subvention alors même qu'elle serait représentative d'un droit à se voir délivrer des certificats d'économie d'énergie - Commentaire avec conclusions du rapporteur public», Droit fiscal n° 40, 6 octobre 2022, comm. 358.

ESTEVE PARDO, M.L «La financiación de las Áreas de Promoción Urbana: ¿podemos «importar» la categoría tributaria alemana de Sonderabgabe? *Documentos- Instituto de Estudios Fiscales* (Ejemplar dedicado a: VI Encuentro de Derecho Financiero y Tributario: Tendencias y retos del Derecho Financiero y Tributario) 2018, núm. 11.

FERMEGLIA, M/LECCIA,»Il contratto tipo per il riconoscimento dei Titoli di Efficienza Energetica: problemi teorici e questioni operative» R Contratto e Impresa, n. 4, 1 ottobre 2018, p. 1265.

FUNSEAM «El sistema español de obligaciones de eficiencia energética. Un análisis crítico de la transposición de la Directiva de eficiencia energética». Mayo de 2015

FUNSEAM «El sistema español de obligaciones de eficiencia energética. Un análisis crítico de la transposición de la Directiva de eficiencia energética». Mayo de 2015.

GONZÁLEZ ORTIZ, D. «La atribución legal de naturaleza jurídica a las contraprestaciones satisfechas coactivamente a empresas públicas y privadas». *Quincena Fiscal*, N° 21, Sección Estudios, 2020.

GUERRA, R., CHASSELOUP, S., BÉNICHOU, J.R., CHIFFERT, V., REDON, D, BONNEFONT, N. Y SOUSSI, K., «Fiscalité environnementale : chronique de l'année 2022», *Droit Fiscal*, n. 13, abril 2023. 147.

HERNÁNDEZ LÓPEZ, C. «El Fondo Nacional de Eficiencia Energética. A propósito de la STJUE de 7 de agosto de 2018. Revista Aragonesa de Administración Pública ISSN 2341-2135, núm. 53, Zaragoza, 2019.

https://librairie.ademe.fr/changement-climatique/4938-l-integration-d-une-composante-carbone-dans-le-dispositif-des-certificats-d-economies-d-energie-cee.html.

https://www.ccomptes.fr/sites/default/files/2024-09/20240917-Certificats-economie-energie_0.pdf

https://www.ecologie.gouv.fr/sites/default/files/documents/Bilan%20annuel%20CEE%20P5%20-%202023-%20VPubli.pdf

IEA (2017), Energy Policies of IEA Countries: Italy 2016, Energy Policies of IEA Countries, IEA, Paris, https://doi.org/10.1787/9789264239272-en.

Informe anual del Ministerio de Economía, Finanzas y la Soberanía Industrial y Numérica, 5eme Période des CEE. 2022-2025. Año 2023.

Informe del Tribunal de Cuentas LES CERTIFICATS D'ÉCONOMIES D'ÉNERGIE : un dispositif à réformer car complexe et coûteux pour des résultats incertains. Communication à la commission des finances, de l'économie générale et du contrôle budgétaire de l'Assemblée nationale, julio de 2024. Pp. 58-59.

JIMÉNEZ COMPAIRED, I. «Subvenciones y desgravaciones en el impuesto sobre la renta de las personas físicas para favorecer inversiones y gastos medioambientales». Revista de Contabilidad y Tributación. CEF N.º 501 diciembre 2024 (DOI: https://doi.org/10.51302/rcyt.2024.22489).

PAROLA, L./ ARNONI T / GRANATA S. «I contratti di efficienza energetica. Profili regolamentari e prassi» *WK , I Contratti*, n. 5, 1 maggio 2015.

QUARANTA, A., «La necessità di promuovere l'efficienza energetica (en normativa)», *Ambiente & sviluppo,* n. 8-9, 1 agosto 2012, p. 757.

RUIZ PÉREZ, A. «El Fondo Nacional de Eficiencia Energética: comentario a la STS de 12 de marzo 2020» Actualidad Jurídica Ambiental, n. 103, Sección «Comentarios de jurisprudencia». ISSN: 1989-5666.

SAENZ DE MIERA, G. / MUÑOZ-RODRIGUEZ, M.A. / GUERENABARRENA, A. «Reflexiones sobre los esquemas de obligaciones de ahorro energético (certificados blancos) en Europa». Economics for energy, wp 12/2013 (disponible en: https://eforenergy.org/docpublicaciones/documentos-de-trabajo/WP12-2013.pdf).

STEDE, J., «Bridging the industrial energy efficiency gap – Assessing the evidence from the Italian white certificate scheme». Energy Policy, Volume 104, 2017, Pages 112-123. https://doi.org/10.1016/j.enpol.2017.01.031).

VIVANI, C., «Efficienza e transizione energetica nelle novità normative», *Ambiente & sviluppo* 8-9/2020.

V.

ANEXOS

ANEXO[116]

TABLA n° 1: Enfoque comparado de los mecanismos de CAE en cinco Estados europeos

País	CAE	Otras herramientas para alcanzar los objetivos del art. 8 de la DEE	Alcance de los objetivos de la UE 2012-2020	Objetivos de dispositivos de los CAES hasta 2030	Adaptaciones importantes
Francia	SÍ	No	Objetivo: 365 TWh Resultado: 415,9 TWh equivale a 114 %	1 046 TWh en el periodo 2021-2030	Importante aumento de los volúmenes de ahorro y obligación de precariedad.
Reino Unido	SÍ	Subvenciones y regulación	Sin Resultados	1,04Md€ de ahorro en el periodo 2022-2026	Reorientarse sobre los consumidores modestos
Italia	SÍ	Subvenciones y regulación	Objetivo: 296,6 TWh Resultado: 269,8 TWh equivale a 91 %	110,5 TWh sur 2021-2030	Centrarse en industria, endurecimiento para luchar contra el fraude

---

116.   La traducción del francés al español es de las autoras de este trabajo.

Dinamarca	Hasta 2020	Subvenciones y tributos	Objetivo: 44,7 TWh Resultado: 67,5 TWh equivale a 151 %	Sin resultados	Sustitución por dos regímenes de subvención, uno dirigido a hogares y otro a empresas
Alemania	NO	Subvenciones y tributos	Objetivo: 488,3 TWh Resultado: 427,9 TWh equivale a 88 %	Sin resultados	Aumento de las subvenciones y mayores esfuerzos para empresas
España	Sí	Fiscalidad y subvenciones	Objetivo: 185,8 TWh Resultado: 176,9 TWh equivalente al 95 %	137,9 TWh en el periodo 2021- 2030	Dispositivo certificado ahorro de energía implantado en 2023

Tabla n° 2: Reino Unido – *Energy Company Obligation* (ECO)

Items	**Características del sistema**
Gobernanza	Competencias compartidas por los gobiernos del Reino Unido, Escocia, Irlanda del Norte y Gales.
Objetivo	Renovar tantas unidades como sea posible en el nivel CPE Label C para 2035, donde esto sea «rentable, *práctico y asequible* « (2017). Objetivo de 1.040 millones de euros de ahorro energético total durante el periodo para ECO4 (2022-2026), es decir, más de 260 millones de euros al año.
Regulación	Obligación de las distribuidoras de energía de financiar un volumen de rehabilitación energética de viviendas mediante la mejora de las prestaciones en 2-3 niveles para las calidades inferiores a D según el EPC.
Financiación	La financiación de las comercializadoras de energía se traslada a la factura de la luz de los hogares.
Tipos de energía	Electricidad y gas.
Destinatarios de la ayuda y sectores destinatarios	Se da prioridad a los hogares de bajos ingresos y/o en situación de pobreza energética. Sector residencial, específicamente viviendas de bajo consumo energético para hogares de bajos ingresos.

Supervisión de los intercambios	Número permitido pero insignificante de intercambios. No hay mercado «spot». Precio máximo.
Directiva europea	El Reino Unido ha anunciado que se apoyará en los certificados de ahorro de energía y en medidas complementarias para alcanzar sus objetivos relacionados con la Directiva. Según el informe de la Comisión Europea sobre el Plan Nacional Integrado de Energía y Clima publicado por el Reino Unido, los objetivos se superaron en un 33%.
Fraude	Apoyo en la plataforma «Trustmark», una organización sin fines de lucro que otorga una etiqueta y realiza auditorías, para listar actores confiables y verificar el trabajo. No ha habido casos de fraude reportados en informes oficiales o en la prensa.
Críticas	Complejidad/inestabilidad del dispositivo y articulación con otras medidas de eficiencia energética. Críticas a ECO4: coste administrativo, retraso en la ejecución, demasiadas obligaciones (aumento del rendimiento de dos clases), falta de consideración de la inflación y tensiones en el mercado laboral.
Peculiaridades	Imposible de combinar con otras ayudas (excepto en Escocia). Diferentes objetivos en Escocia, Gales e Irlanda del Norte. Objetivos de reducción de emisiones de GEI en el esquema (pero no cuantificados). El ahorro de energía se expresa en libras esterlinas y no en KWh evitados.
Evolución	2002: Creación de Compromisos en *materia de Eficiencia Energética*. 2002-2008: 1° y 2° períodos, la mitad del objetivo se refiere a los hogares precarios y el objetivo aumentó en un 40% para el 2° período (pasa a 130 TWh). 2008: Creación del *Objetivo de Reducción de Emisiones de Carbono* (CERT). 2009: Creación del *Programa Comunitario de Ahorro de Energía* (CESP), enfocado en hogares de bajos ingresos. 2013: CERT y CESP se agrupan en la Obligación de la *Empresa Energética* (ECO1 y luego ECO2) que se convierte en el principal instrumento de apoyo a las obras de eficiencia energética en la vivienda, incluyendo tanto los objetivos de reducción de carbono como la reducción de los costes de calefacción doméstica. 2018: reenfoque para el 3er período (2018-2022) en los hogares de bajos ingresos y simplificación del esquema. 2022: inicio del 4° periodo (2022-2026). 2023: incorporación del *Great British Insulation Scheme* (también conocido como ECO+), concebido como complemento, que tiene como objetivo ampliar el número de hogares elegibles para las ayudas y se centra en el aislamiento.

Otras herramientas	*Programa de subvenciones para viviendas ecológicas* (2020-2021): un plan de subvenciones para propietarios privados y propietarios para apoyar los costes de las mejoras de eficiencia energética. *Demostrador del Fondo de Descarbonización de la Vivienda Social:* un programa que permite a los gobiernos locales financiar proyectos innovadores de renovación en el sector de la vivienda social. *Programa de Reacondicionamiento Optimizado* (Gales): un programa de reacondicionamiento de viviendas sociales que combina medidas de eficiencia energética y controles inteligentes. *Loan/Cashback Renewable Heat Scheme* (Escocia): Préstamo/ subvención para fomentar la instalación de medidas de eficiencia energética y energías renovables en el sector doméstico. *Descuento por Hogares* Cálidos: Obligación de los proveedores de energía de ayudar a los hogares a pagar sus facturas de combustible.

Fuente: Cour des comptes

Tabla n° 3: Dinamarca – Energispareordningen

Items	Características del sistema
Gobernanza	Marco Nacional.
Objetivo	El consumo total de energía se redujo un 7% en 2020 en comparación con 2010. Objetivo de ahorro de energía a través del plan: 3,4 TWh por año (cuando se introdujo el esquema). Para el período de 2014 a 2020, se requirieron 44,7 TWh de ahorro de energía acumulado de acuerdo con la Directiva Europea de Eficiencia Energética.
Regulación	Obligación anual de ahorro de energía para los proveedores de energía.
Financiación	Aplazamiento del coste en las facturas energéticas de los consumidores de energía. Según las estimaciones de la Autoridad Reguladora de los Servicios Públicos de Dinamarca, el ahorro de energía habría ascendido a unos 400 millones de euros durante el período 2014-2020.
Tipos de energía	Electricidad, gas natural, calefacción urbana y gasóleo.
Destinatarios de la ayuda y sectores destinatarios	Empresas y hogares. La cuestión de la precariedad se aborda en las políticas sociales generales. Todos los sectores, incluidas las redes.
Supervisión de los intercambios	Se permitía el intercambio de CEE, pero no había un mercado organizado.
Directiva Europea	Los resultados de Dinamarca en 2020 superaron los objetivos establecidos por la Directiva de 2012: el 151 % de los objetivos alcanzados.

Fraude	Cada año, la auditoría la realizaba el propio proveedor obligado, mientras que al año siguiente tendría que ser realizada por un organismo externo. Las fuertes sospechas de fraude pusieron en duda la exactitud de los cálculos de ahorro de energía, lo que llevó a la interrupción del plan.
Críticas	Sospechas de fraude. Efecto inflacionario sobre el coste del trabajo. Cuestionando la eficiencia real en términos de ahorro energético. Falta de visión de la rentabilidad
Peculiaridades	El sistema se detuvo después de 14 años de funcionamiento (2006-2020).
Evolución	2006: creación del sistema. 2012: Aumento de los objetivos (aumento de las obligaciones de las empresas energéticas en un 75% para 2013-2014 y luego en un 100% para 2015-2020). 2017: Recursos adicionales para aumentar los controles sobre el ahorro declarado. 2018: El *Energiaftale* (el acuerdo energético) pone fin al sistema EWC en Dinamarca.
Otros instrumentos	El ahorro de energía se logró únicamente a través del sistema CEE.

Fuente: Cour des comptes

Tabla n° 4: otros dispositivos aplicados en Dinamarca

Items	Características del sistema
Gobernanza	Marco nacional.
Objetivo	Objetivo en 2019 de reducir las emisiones de GEI del país en un 39% para 2030. Los planes aún no tienen un objetivo cuantitativo específico de ahorro de energía, pero una estimación del gobierno indica que el fondo para la industria y las empresas debería permitir el 14% de las obligaciones totales de ahorro de energía.
Regulación	No obligatorio, régimen de subvenciones.
Financiación	Valor estimado del fondo para empresas: 308,40 millones de euros en el periodo 2020-26, es decir, 44 millones de euros/año. Valor estimado del fondo para el edificio: entre 25,2 y 82,30 millones de euros/año durante el periodo 2020-29.
Tipos de energía	Cualquier tipo de energía.
Destinatarios de la ayuda y sectores destinatarios	Propietarios de viviendas para la ayuda a la renovación de viviendas (*Bygningspuljen*). Todas las empresas del sector no público para el sistema *Erhvervspuljen*. El sector de la construcción está especialmente afectado, ya que representa el 40% del consumo total de energía.

Supervisión de los intercambios	No aplicable.
Directiva Europea	El PNEC 2020 (Plan Nacional de Clima y Energía) de Dinamarca había sido considerado insuficientemente ambicioso por la UE, por lo que el país ha ampliado su política de subvenciones y ha añadido nuevas medidas para el periodo 2021-2030. El país ha anunciado que está trabajando en la implementación de medidas contra la pobreza energética.
Fraude	No se observaron fraudes en el sector empresarial y se están estudiando dos casos en el sector de la vivienda. Las autoridades consideran que el riesgo de fraude es muy bajo.
Críticas	Las medidas adoptadas son insuficientes para alcanzar los objetivos de la Directiva de 2012. Retrasos demasiado largos en el examen de expedientes y procedimientos demasiado complejos.
Peculiaridades	Tiene en cuenta las emisiones de CO_2 con la estimación del consumo energético.
Evolución	2018: El Acuerdo de Energía toma la decisión de suspender el sistema de certificados. 2020: implementación de los dos esquemas de subsidios. 2023: el plan de viviendas se divide en dos, creación del plan « *Fyr dit fyr* « para ayudar a financiar el cambio de caldera. El borrador del INECP (Plan Nacional Integrado de Energía y Clima) 2023 indica que podrían ver la luz otras medidas a favor de la eficiencia energética.
Otros instrumentos	Para cumplir con los nuevos objetivos de la directiva europea, Dinamarca también se basa en: Requisitos de renovación de edificios en los códigos de construcción; Impuestos sobre la energía y las emisiones de CO_2; Los planes de subvenciones tienen diferentes temporalidades, pero se prevén al menos 6.000 millones de euros en fondos/subvenciones para 2021-2026.

Fuente: Cour des comptes

Tabla nº 5: Italia - Titoli di Efficienza Energetica (TEE)

Items	**Características del sistema**
Gobernanza	Marco nacional.
Objetivo	El nivel objetivo de consumo de Italia es de 1.071,1 TWh de energía final y 1.304,9 TWh de energía primaria en 2030, lo que supone una reducción del 18% respecto a 2021. Dentro de este objetivo, el sistema TEE debería permitir un ahorro de energía final de 110,5 TWh entre 2021 y 2030.

Regulación	Sistema de certificados de ahorro energético con objetivos anuales obligatorios de ahorro energético para las distribuidoras de electricidad y gas con más de 50.000 clientes.
Financiación	El reembolso a los sujetos obligados se realiza a través de un impuesto que grava las facturas de luz y gas natural de los usuarios finales. El monto está vinculado al precio promedio ponderado del mercado al contado de los certificados en el año anterior. No fue posible establecer una cifra sobre el monto anual del plan.
Tipos de energía	Gas y electricidad.
Destinatarios de la ayuda y sectores destinatarios	Hogares y empresas. No hay prueba de medios. Industria, edificios residenciales y terciarios, agricultura, alumbrado público, redes de electricidad y gas, transporte.
Supervisión de los intercambios	El Gerente de Servicios Energéticos (GEI) supervisa el programa, verifica los documentos y valida las solicitudes. Una entidad adscrita a la CSG es la responsable del mercado y distribuye los certificados. Operar en un mercado es posible.
Directiva Europea	Metas para el período 2014-2020 no alcanzadas (91%). Revisión y mejora de las medidas complementarias al ETT para la consecución de los nuevos objetivos. Se inicia una reflexión sobre los indicadores de pobreza energética.
Fraude	En 2017 se han detectado importantes casos de fraude por importe de 700 millones de euros. Noticias recientes sobre las sanciones decididas contra los autores de fraudes.
Críticas	Brecha significativa entre la oferta y la demanda de certificados. La burocracia considerada excesiva, la complejidad del sistema y la confianza de los consumidores se ganará (a través de la estabilización del sistema). El sistema es complejo.
Peculiaridades	La industria ocupa un lugar muy importante en el total de TEEs. No existe una definición oficial de pobreza energética en Italia. Posibilidad de que los sujetos obligados aplazan el 40% de sus objetivos de un año a otro.
Evolución	2005: creación del plan (fase 1), aumento de objetivos al final de la primera fase. 2012: reducción de los objetivos P2 (para cerrar la brecha entre la oferta y la demanda), incorporación de proyectos modelo. 2017: reducción de los objetivos para P4 (anteriormente habían aumentado). 2018: Cambios en los cálculos y nuevas categorías para contrarrestar el aumento del precio de los certificados. 2019: Ley de energía y clima que estipula que el Parlamento fijará las trayectorias de los ETT a partir de 2023. 2021: reducción de los objetivos anuales y adopción de un mecanismo de estabilización del mercado. 2023: nuevos cambios y simplificación del proceso de solicitud.

Otros instrumentos	Deducciones fiscales y planes de subvenciones, normas de construcción y renovación, programas de información y formación.

Fuente : Cour des comptes

Tabla nº 6: Allemagne – Politiques d'économies d'énergies

Items	Características del sistema
Gobernanza	Marco nacional. Es posible un marco adicional a nivel de los *Länder*.
Objetivo	Neutralidad climática para 2045. Objetivo de una reducción de 550 TWh en comparación con el consumo de 2008 para 2030.
Regulación	El INECP (Plan Nacional Integrado de Energía y Clima) 2020 recoge más de 20 medidas destinadas al ahorro energético/ mejora de la eficiencia energética. Propone: - Normas obligatorias en los edificios; - Incentivos financieros; - Instrumentos de fijación de precios.
Financiación	Principalmente a través del Fondo Federal para el Clima y la Transformación (KTF). En 2022, el importe del gasto en la rehabilitación energética de edificios ascendió a 9.600 millones de euros (frente a los 8.000 millones de 2021 y los 5.000 millones de 2020). El gobierno federal se ha comprometido a gastar 13.000 millones de euros al año en subsidios para edificios energéticamente eficientes.
Tipos de ayuda financiera	Préstamos a tipos de interés reducidos con una parte no reembolsable Subvenciones Incentivos fiscales
Destinatarios de la ayuda y sectores destinatarios	Empresas y hogares. No hay prueba de medios, sino que depende de los costes y las ganancias de eficiencia energética obtenidas. Sin embargo, hay dos medidas dirigidas a los hogares en situación de pobreza energética: el asesoramiento y la información. Los edificios están especialmente afectados por las medidas porque representan más del 30% de la demanda final de energía.
Supervisión de los intercambios	No aplicable.
Directiva Europea	Revisión y adición de medidas (subvenciones, normativas, comunicación) para mejorar la eficiencia energética.
Fraude	Informe de experto independiente que realice el control de la obra (en el marco de la rehabilitación de los edificios) previo al pago de la subvención. Posibilidad de control aleatorio por parte de una autoridad de supervisión en el marco del *Landër*.

Critiques	Alemania no ha cumplido sus últimos objetivos de ahorro energético (88% de los objetivos fijados para el periodo 2014-2020). Se expresan dudas sobre la capacidad futura para lograrlos.
Peculiaridades	Sin sistema de certificado de ahorro energético. Inclusión de las emisiones de gases de efecto invernadero en los objetivos.
Evolución	2014: *Nationale Aktionsplan Energieeffizienz* (Plan Nacional de Eficiencia Energética): eficiencia energética en los edificios, la industria y el sector terciario a través de fondos, incentivos financieros y la creación de una red empresarial. *Energieeinsparungsgesetz* (EnEG, Ley de Conservación de la Energía) y *Energieeinsparverordnung* (EnEV, Ordenanza de Ahorro de Energía): medidas más amplias para los edificios y el transporte, incluidas subvenciones adicionales y normas de consumo de energía para edificios nuevos y renovados. 2016: Programas para incentivar la inversión, en particular en tecnologías de eficiencia energética 2018: Creación del Fondo Federal para la Eficiencia Energética en la Economía (subsidio y crédito a empresas). 2019 *Klimaschutzgesetz* 2030 (Programa de Acción por el Clima): Fiscalidad del CO2 y establecimiento de un mercado nacional de derechos de emisión de CO2. Las subvenciones completan el esquema para fomentar el ahorro energético. 2020 *Zukunftspaket* (paquete para el futuro): políticas de ayuda financiera para fomentar la renovación. La *Gebäudeenergiegesetz* (GEG: Building Energy Act) sustituye a la EnEV y a la EnEG. 2021: Fondo Federal de Eficiencia Energética de los Edificios, medidas para la movilidad energéticamente eficiente, fiscalidad del CO2 para el transporte y la calefacción. 2023: *Energieeffizienzgesetz* (Ley de Eficiencia Energética), un marco intersectorial que tiene como objetivo aumentar la eficiencia energética para cumplir con las obligaciones de la DEE.

Tabla nº 7: España - *Certificados de Ahorro Energético* (CAE)

Items	Características del sistema
Gobernanza	Marco nacional.
Objetivo	Consumo de 816,5 TWh previsto para 2030. Objetivos de un ahorro acumulado de 134,7 TWh en el periodo 2021-2030 para el esquema de certificados de eficiencia energética (EAC).

Regulación	Los proveedores de energía deben realizar una contribución financiera anual al Fondo Nacional de Eficiencia Energética (FNEE). Los sujetos obligados pueden optar voluntariamente por llevar a cabo medidas para la obtención de certificados de ahorro energético que les permitan reducir su aportación monetaria anual al FNEE.
Financiación	Le fonds est financé par les obligés, par le budget général de l'État et par le Fonds structurel et d'investissement européen.
Tipos de energía	Gas, electricidad, productos derivados del petróleo vendidos al por mayor.
Destinatarios de la ayuda y sectores destinatarios	Todo tipo de negocios y hogares. La pobreza energética se aborda *a través de* medidas distintas a los certificados. Todos los sectores.
Supervisión de los intercambios	Establecimiento de un mercado de intercambio de certificados, al mismo tiempo que el sistema de certificados.
Directiva Europea	Objetivos 2014-2020 no alcanzados (95% o 176,9 TWh). Para la nueva directiva, mejora de las medidas existentes y nuevo sistema PPC. Propuesta en el PNEC 2023 para apoyarse también en las entidades financieras.
Fraude	El IDAE (Instituto para la Diversificación y Eficiencia Energética) se encarga del seguimiento de los programas del fondo mediante la verificación de los informes de los responsables de los proyectos. No se han denunciado casos de fraude.
Críticas	No aplicable.
Peculiaridades	No aplicable.
Evolución	2012: Impuesto sobre la electricidad para financiar el ahorro energético 2014: creación del Sistema Nacional de Obligaciones de Eficiencia Energética, basado en un aporte financiero obligatorio de los proveedores de energía al Fondo Nacional de Eficiencia Energética (FNEE) 2023: Implementación del sistema de *Certificados de Ahorro Energético* (CAE), certificados de ahorro energético alcanzables en el marco del sistema nacional de obligaciones.
Otros instrumentos	Normativa (por ejemplo, Zonas de Bajas Emisiones), subvenciones, promoción de determinadas medidas o prácticas (por ejemplo, vehículos eléctricos), fiscalidad.

Fuente: Cour des comptes